非直球對決，增加

聊效

讓對話成功收尾

樂律

練好開場　表情管理　調動感性　命中要害

不軟弱也不油膩，三言兩語即拿下此局！

· 精準表達意圖，每句話都直達人心
· 巧妙把握時機，輕鬆突破對話瓶頸
· 善於讀懂氛圍，化尷尬為自然互動

崔洋 著

太過誠實反而被當白目？沉默寡言又被指耍心機？

多元化溝通策略，實現有效兼具影響力的交流！

目錄

前言 005
第一章 張嘴就要贏 009
第二章 三十秒把話說動聽 031
第三章 五分鐘聊出好交情 053
第四章 七小時巧用幽默 067
第五章 委婉地表達 087

第六章　好口才有大力量　109
第七章　無往不利的說話策略　125
第八章　辯論的藝術　141
第九章　有時候「嗆人」是必要的　157
第十章　說話要有「聊效」　177
第十一章　別讓好心「給雷親」　193
第十二章　一句話開啟局面　219
第十三章　學會察言觀色　245

前言

為什麼要會說話？

世間有一種成就可以使人很快完成偉業，並獲得世人的認同，那就是說話讓人舒服的能力。

說話似乎很簡單，也確實很簡單。不過有些人卻只會張嘴就說，要麼口無遮攔，要麼口不擇言，甚至還會胡言亂語。這種簡單的「說」，最終都無一例外，會為說話的人製造很多障礙，給要做的事平添幾分阻礙。

而生活中，這樣的人卻隨處可見，他們在語言的使用上從不用心，總是不假思索地隨意發表自己的意見。諸如那些心直口快的人，那些任何情況下都直言不諱的人，那些說話不會拐彎、一竿子捅到底的人，那些不懂幽默、總是板著臉的人……也許他們本是一番好心，是很想把事情辦好，但就因為說話方式不對，卻被扣上了各種帽子，事情也搞砸了。他們原本沒想那樣，但是事已至此，沒人會聽多餘的解釋，大概都會認為解釋就是掩飾吧，更何況，不會說話的人解釋起來說不定反而會越描越黑呢。

不會說話的人在社會上的地位，猶如一臺發不出聲音的收錄機，雖然在不停地轉動著，卻絲毫不見效果。現代社會是一個繁忙複雜的社會，透過說話這一媒介，不熟識的人可以熟識，人與人之間的隔閡可以消除，甚至部門之間、集團之間、國家之間的矛盾有時也可以透過好好說話得到解決，不過若是語言運用不當，就可能造成交際困難，甚至損害自身的形象。

在現代社會，說話能力是優秀人才必備的重要素養，更是當代人必備的基本能力之一。隨著經濟的不斷發展、社會的不斷進步，人與人之間的溝通交流日益頻繁，說話的技巧和溝通的方式也充分突顯出其重要性。

在這個充滿挑戰和競爭的社會的人際交往中，是否能說、是否會說，以及語言交際相關知識和能力的掌握程度，確確實實左右著一個人的成功和失敗。競爭中的機遇，相當程度上是透過「說」來實現的。

人與人之間的交流，不僅是社會活動中的重要一環，也是日常生活中的必要環節，想要更好地生活，就必須掌握說話的技巧。

說話是一門學問，更是一門藝術；它是社交本領，更是生存基礎。成，在嘴上；敗，亦在嘴上！不會說話的人可能會覺得社會複雜、人生艱難，而會說話的人，必然能在社會上立足！

那麼，怎麼才算會說話？怎麼才能會說話？本書透過系統歸納、羅列總結，向讀者展示良好的說話方式和方法，幫助讀者建構完整的說話技巧學習體系，希望讀者在讀完本書後，能夠在遇到僵局的時候一句話開啟局面，在任何場合都能好好說話，張嘴就能贏！

第一章

張嘴就要贏

說話要看對象

也許很多人覺得說話能力不是很重要，不是的，會說話的人在工作生活中往往扮演著更重要的角色。試想，我們在生活中遇到的揶揄，在工作上遇到的刁難，就像一把把鎖住我們前進腳步的鎖鏈，阻礙著我們的發展。巧妙地說話，不僅能產生很好的說明作用，還能產生說服作用。在別人明白你的意思之後，你的話語才能更好地說服別人。

不僅如此，在一些重要場合，優秀的說話能力還能控制形勢，掌握談話的方向，避免聊不下去的可能，也更容易將自己的想法傳達給別人，讓他們更容易認同和接受自己的觀點，拉近與對方的距離。這是社交必備的技能。

美國著名人際關係學大師、被譽為二十世紀最偉大的心靈導師和成功學大師的卡內基曾經說過：「雖然你喜歡吃香蕉、三明治，但是你不能用這些東西去釣魚，因為魚並不喜歡它們。你想釣到魚，必須下魚餌才行。」會說話的人在說服別人的時候，懂得迎合別人的喜好，說對方想聽的和感興趣的內容，而不是只關注自己想說的，這樣能讓對方感覺到受重視、受尊重。

每個人都有自己想談論的東西，有些人喜歡籃球，有些人喜歡軍事，有些人喜歡音樂，有些人對演藝圈的八卦新聞感興趣，有些人對書法繪畫感興趣，有些人對烹調食物感興趣，有些人對神祕現象著迷等等。許多家庭主婦相見時，經常討論的話題是物價、孩子、家庭瑣事等，而商人們聚在一起則多會談論經濟或是交際應酬時的趣事。這說明不同的人喜歡討論不同的話題。假如你對一個必須為每日三餐整日奔波的人大談風景名勝、旅遊趣事，猜想很有可能遭人白眼，基礎生活都成問題的人，哪還有心情和你探討各地的風光呢？但是如果你和他談論賺錢的方法，他必定會很有興致！總之，每個人都有一項或是多項感興趣的話題，會說話的人懂得根據說話對象的不同，說對方想要聽的。

愛德華·查利弗是從事童軍教育工作的，有一次，他為了贊助一名童軍參加在歐洲舉辦的世界童軍大會，急需籌措一筆經費，於是便前往當時美國一家數一數二的大公司，拜會其董事長，希望董事長能解囊相助。在這之前，愛德華．查利弗聽說那位董事長曾開過一張面額一百萬美元的支票，後來那張支票因故作廢，不過那位董事長還是特地將之裝裱起來，掛在牆上做紀念。

愛德華．查利弗進入董事長的辦公室後，友好地請求參觀一下那張裝裱起來的支票。他告訴董事長，他從未見過任何人開過如此鉅額的支票，很想見識一下，好回去說給那些小童軍聽。董事長毫不猶豫地答應了愛德華．查利弗的請求，並將當時開那張支票的情形，詳細地說給愛德華．查利弗聽。董事長說完那張支票的故事後，還未等愛德華．查利弗提及經費的事，就主動問愛德華．查利弗：「對了，你今天來找我，是為了什麼事？」於是愛德華．查利弗就一五一十地說明來意。

出乎愛德華．查利弗意料的是，董事長不但答應了他的要求，還答應贊助五名童軍去參加童軍大會，並負責全部開銷，另外還親筆寫了封推薦函，要求歐洲分公司的主管，提供愛德華．查理弗所需的一切服務。

如果不是愛德華．查利弗事前了解了董事長的事蹟，一見面就開啟了話匣子，事情恐怕就沒那麼順利了。

那些能說會道、在人際交往中如魚得水的人，往往在與對方接觸的一瞬間，就能根據對方的身分找到對方感興趣的話題，從而發起談話。說話對象的不同，決定了整體談話的走向不同，在與人溝通交流的過程中一定要注意把控。

說話要有重點

愛迪生說過：「最大的浪費就是時間的浪費。」你可曾想過，每個人的時間都是有限的，怎樣說話才能在最短的時間內把要表達的內容說清楚？人們每天都會有自己的工作安排，因此在與他人交接或者交流工作的時候，時間是非常寶貴的，對方能留給你的時間可能只有幾分鐘，如果時間沒長到你能夠詳詳細細地說清楚，那你就該思考一下，如何提高自己說話的效率了。

在職場上，很多人覺得事無鉅細、每件事都向上級匯報，每個細節都要讓上級知道，才能突顯自己的工作效率。他們只是站在自己的立場上看問題，並沒有替上級想一想。很多時候，上級只能關注重要問題和事情的結果，他們分不出太多的精力去關注過程和細節，這就需要下屬會挑重點匯報工作。

小平從事業務工作，但是他說話喜歡繞圈子。他秉承的觀念是：酒桌上好辦事。因此有什麼事情，他從來都不會直接說，每次他有什麼問題的時候，就會約主管吃飯。

這段時間公司業務有些忙，新上了兩個產品，剛剛投放市場。這本來不屬於小平的業務範圍，但是他想同時做，又怕貿然提出來，主管會不同意，便決定晚上請主管吃頓飯。

中午的時候小平敲開主管辦公室的門問：「張總，晚上有時間的話，請您吃個飯？」

「晚上有個應酬，有什麼事嗎？」

「也沒什麼事，就是想請您吃個飯！您看沒事就不能和您一起吃飯了？」

「晚上確實有事。」

「那明晚呢？」

「明晚也有安排，這段時間晚上都有安排。」

「真不巧。」

「你到底有什麼事？吃飯太浪費時間了，直說吧！」

「還真有點事，就是那個新產品，您看我們能不能兼著一塊做做市場呢？」

「哦，這麼點事，早說啊，你看你這麼大費周章的。沒問題，正想找兩個老業務員摸一下市場呢！做可以，但是一定要把客戶的意見回饋回來，你下午去行政部填個表就行了。」

「好，好，一定回饋回來。」

新產品提成高，小平真沒想到主管這麼痛快就答應了。

有時候拐彎抹角不如直來直去來得痛快。說話挑重點，節省對方時間，是對他人的一種尊重，是一種嚴謹的態度。而浪費對方時間，輕則讓人厭煩，重則無異於謀財害命。

挑出重點，直接切入主題，也許能讓對方更容易做出決定。小平拐彎抹角地要請主管吃飯，遠不如直接說出自己的想法，節省彼此的時間。

不知道話怎麼說，或者覺得直接說出來太唐突，在工作中這種磨不開面子的情況很多。其實大可放心，快刀斬亂麻，直截了當地說出來未嘗不是一件好事。

一個人做事的方式、說話的技巧、說話的口氣等，都能影響到他人，不管是說話還是做事，一定要抓住重點，切忌做絮絮叨叨的「祥林嫂」，重複一些沒有意義的事。

激起對方的好奇心

人類有好奇的天性，一旦有了疑慮，往往非得探明究竟不可。為了在與人說話的時候激起聽眾的興趣，可以故意製造懸念，經常能收到奇效。不過要注意的是，製造懸念不是故弄玄虛，既不能頻繁使用，也不能懸而不解，在適當的時候應解開懸念，使聽眾的好奇心得到滿足，而且也要使前後內容互相照應，不要讓人覺得突兀。

很多人在說話或者與人交談的時候，語言很乏味，提不起對方的興趣，關鍵就是不能吊起對方的胃口。製造懸念的說話方式能讓別人注意到你，認真聽你說話。所以說話高手基本都不是平鋪直敘地去講一個故事，而是不斷地想辦法吊起人的胃口，讓人想要繼續聽。

戰國時代，魏國有一位大臣叫李悝，素以具有真知灼見而著稱。有一天，魏文侯問他：「吳國為什麼會滅亡呢？」

李悝立刻回答：「臣以為，吳國滅亡的原因是屢戰屢勝。」這可勾起魏文侯的好奇心了。「屢戰屢勝怎麼會亡國呢？」

「屢戰，國庫匱乏，人民疲頓；屢勝，國王以為自己戰無不勝，無所不能。驕傲的君主統治著疲憊的人民，國家怎麼能不走向滅亡？」

魏文侯聽完後大為折服。

李悝將對君王的規勸包含在不合常理的回答中，剛開始的時候似乎說不通，成功地勾起了對方的好奇心，後面的讓人反思的規勸才能說出來，合情合理，讓人深思。

有一位老教師舉辦講座，不過學生們對講座不感興趣，會場秩序相當混亂。

於是他轉身在黑板上寫下一首詩：「月黑雁飛高，單于夜遁逃。欲將輕騎逐，大雪滿弓刀。」

寫完後他說：「這是一首有名的唐詩，廣為流傳，還被選進了中學課本，相信同學們都非常熟悉。大家都說寫得好，我卻認為它有點問題。問題在哪裡呢？」

老教師說完頓了頓，看到同學們的注意力都集中到他身上了，便接著說道：「這個問題等會兒我們再談，今天，我要講的題目是『讀書與質疑』。」

被吊起胃口的學生們靜靜地聽著老教師的講座。直到講座即將結束的時候，老教師才公布了答案：「這首詩問題在哪裡呢？不合常理。既是月黑之夜，怎麼看得見雁飛？既是嚴寒季節，北方哪有大雁？」這樣首尾呼應，既加深聽眾印象，又強化了講座內容，令人回味無窮。

激起對方的好奇心並沒有固定的模式，方法是靈活多變的。會說話的人能根據說話的對象和內容，巧妙地將對方的好奇心和自己要說的話連線在一起，不但能激起對方的傾聽欲望，還會讓對方覺得他是一個有內涵的人，能夠把一些東西說得更有趣，讓人們更願意接受。

培養自信

很多人在與人說話的時候，為了讓人知道自己在認真地傾聽，就會不斷地重複他人的話，變成一隻「八哥」！

總是重複別人說的話的「八哥」，自信心不足，怕別人看輕自己、認為自己什麼都不懂；而會在別人話還沒講完時說「你要講什麼我已經知道了」，然後提出自己看法的人，很聰明，夠自信，但情商可能不夠高，久而久之，別人可能不會對這樣的人有任何的肺腑之言，也不願與他分享什麼。這兩種說話方式常使人與人談話的氣氛出現「怪怪」的狀況。

臺灣著名綜藝節目主持人和作家吳淡如談到過自己在一次主持節目的時候遇到的一位「八哥」嘉賓。這位嘉賓或許是參加談話類節目較少的緣故，不論是主持人還是別的嘉賓說什麼，他都會重複他們的話，完全將那些話再說一遍，彷彿在告訴所有人：這件事我也知道呢！

這樣一來，主持人和其他嘉賓的談話就被他搞得亂七八糟，根本連線不起來。製作人也在一邊搖頭：「這樣很難剪輯啊！」

吳淡如說自己恨不得告訴他：「冷靜下來，不是每一句話你都要附和！」

最後，還是製作人舉起紙板要求那位嘉賓「讓別人把話說完整」才算結束。

一個人的價值和存在感，不是靠著附和別人來實現的，有自己想法的人說話的時候更容易吸引別人的注意力，只知道人云亦云、沒有自己見解的人，說出的話「沒有東西」，沒有足夠的分量讓人重視，而說不出東西還喋喋不休的人，很難讓人心生好感。

某電視臺有一個論辯節目，其中一期的論題取材很不錯，是當時很受關注的一件事，簡單概括點說，就是群眾要不要打死小偷的問題。

正反雙方辯論的嘉賓也都不錯，都勇於表達觀點，現場氣氛甚是緊張激烈。不過讓人極為反感的是，主持人根本駕馭不了現場，總是在嘉賓表達最有力觀點的時候，打斷嘉賓的話，嘉賓再三提出「讓我把話說完」，美女主持人還是置若罔聞。

更可氣的是，主持人不顧現場的觀點導向，生硬地插進來一段她之前製作好的影片，搞得不倫不類，看得人糊里糊塗。猜想她是按照自己原先的準備主持的，現場發揮的能力為零。

觀眾看了後非常生氣：「這電視臺真能開玩笑，找個人云亦云的美女主持娛樂類節目還行，這等思辨類的節目，怎麼也得找個有點學識的人來主持，否則以其昏昏，怎能使人昭昭！」

說白了，主持人的口才是由兩方面因素決定的，一是語言表達能力，二是文化內涵。文化內涵和語言表達能力是內容和形式的關係，形式雖然重要，但它是由內容來決定的。沒有文化內涵的支撐，嘴再巧，也說不出好的話來。上面那個美女主持人的表現，就是不自信的表現，迫切地想要將自己展示給觀眾，最後反而不討好。

芙蘿拉．瑞塔．施萊伯在《變身女郎》一書中，就有這方面的描述：

海蒂在玩字弄句方面的本事不在她玩弄窗簾和灰塵的本事之下。要說些合轍押韻的話，她簡直是出口成章。她還養成一種重複別人話尾的習慣。若有人說：「我得了這麼一種頭痛……」海蒂就要重複：「這麼一種頭痛。」

這類人多是對自己沒什麼信心，才會不斷重複別人的話語。「我告訴你」「我知道」……這些都是人們口中的重複性話語，往往在人們不那麼自信的時候冒出來。要想改變這種狀況，最好的辦法就是先培養自信。

問的問題越具體，得到的回答越清晰

提出問題的時候盡量做到簡潔明瞭、言簡意賅，在與人對話的過程中是非常實用的。尤其是一些比較特殊的事，一定要一針見血，否則就很容易被對方給忽略掉。那些自以為得意的「馬拉松式」和「講故事式」的提問，除了耽誤時間和惹人發笑外，並沒有什麼益處。

訪談節目的主持人，最重要的工作就是不斷地提問。但是提問難免會問及令對方尷尬的問題，比如說，某主持人採訪美國前總統柯林頓前，導演和製片人都說：「妳一定要問問他莫妮卡．陸文斯基的事情。」主持人感到有些為難，即使是一位離任的總統也應得到尊重，怎麼能問人家這種難堪的問題？

為了完成這個艱鉅的任務，主持人事前做足了功課，了解到柯林頓離任以後建立了柯林頓總統圖書館，並在圖書館裡設立展廳，展示了陸文斯基事件始末。於是，主持人就大膽地問柯林頓：「通常總統們在自己的圖書館裡都會布置那些讓他們自己感到非常驕傲的歷史，但您為什麼要設計這樣的一個展示呢？」

柯林頓不愧是一位有涵養的政治家，他面對這個問題，說他意在告訴後人美國黨派之爭的惡性發展。

主持人又問道：「您在自傳裡說過，在陸文斯基事件初期您一直是過著雙重生活，什麼時候您才從這種痛苦中解脫的呢？」

柯林頓毫不迴避地回答：「因為我從小生活在一個父母離異、充滿暴力的家庭裡，我覺得別人不會理解我，我只能自己來處理自己的痛苦和麻煩，所以一開始我拒絕任何人進入我的空間。但是我最終決定把真相告訴我的妻子，說完之後我突然覺得我的痛苦減輕了，可以面對任何人了。」

在現實生活中，我們每天都要面臨不少提問：「你吃飯了嗎？」「你在做什麼呢？」「這個任務你完成了嗎？」……有的問題非常容易回答，而有的就不那麼好對付了。那我們向他人提出問題的時候，怎樣才能讓對方更容易回答問題呢？你可以試著把問題簡單化，給對方一個具體的問題，讓對方能從你的問題中輕易做出選擇。比

問的問題越具體，得到的回答越清晰

如你跟朋友去吃飯，直接問對方「你想吃什麼？」可能會讓對方有點茫然，但是「想吃點辣的還是不辣的？」「想吃肉還是想吃菜？」這種直接能讓對方做出選擇的問題則要好回答得多。問的問題越具體，得到的答案越清晰，如果想要從對方那裡知道某個問題的確切答案，那就試著把問題問得更具體一些吧！

讓對方主動和你說

很多人都碰到過這樣的情況，當你慷慨激昂地向對方訴說或者講述某件你認為非常有趣的事的時候，對方並沒有表現出太大的興趣，只是隨便應付幾句，雙方也沒有多少互動交流，整場談話更像是一個人的脫口秀，這無疑讓人很尷尬。

在與人聊天或者說話的過程中，如果發現對方的注意力並沒有集中在你和你所說的話題上，那就得想一想，是不是這些話引不起對方的說話欲望。這時最有效的辦法就是將話題轉移到對方身上，讓對方主動和你說與他們自己相關的事。

美國金牌業務員喬．庫爾曼，在二十五年的推銷生涯中，銷售了四萬份壽險，平均每日五份。

他幼年喪父，十八歲那年，還只是一名職業球手，後來手臂受傷，才回到家中做了一名壽險業務員。但是二十九歲那年，他就成為美國薪水最高的業務員之一。

庫爾曼把自己的成功歸結為「用一句具有魔力的話來改變糟糕的局面」。這句有魔力的話是「您是怎麼開始您的事業的？」

庫爾曼在自己的傳記中寫道：「這句話似乎有很大的魔力，看看那些忙得不可開交的人吧，只要你提出這個問題，他們總是能擠出時間來跟你聊。」

他舉了一個最典型的例子來論證自己的觀點。剛開始推銷工作時，他遇見了羅斯，一家工廠的老闆，工作繁忙，很多業務員都在他面前無功而返。

庫爾曼說：「您好，我叫喬．庫爾曼，是保險公司的業務員。」

羅斯：「又是一個業務員，你是今天第十個業務員，我有很多事要做，沒時間聽你說。別煩我了，我沒時間。」

庫爾曼又說：「請允許我做一個自我介紹，十分鐘就夠了。」羅斯直接回道：「我根本沒有時間。」

庫爾曼低下頭盯著地板上放著的工廠裡生產的產品整整一分鐘，然後問羅斯：「您做這一行多長時間了？」

羅斯回答：「哦，二十二年了。」

庫爾曼接著問：「您是怎麼開始您的事業的？」

這句有魔力的話在羅斯身上發揮了作用，他開始滔滔不絕地談起來，從自己的早年不幸談到自己的創業經歷，一口氣談了一個多小時。最後，羅斯熱情邀請庫爾曼參觀自己的工廠。那一次見面，庫爾曼沒有賣出保險，但和羅斯成了朋友。接下來的三年裡，羅斯從庫爾曼那裡買了四份保險。

業務員最怕的大概就是客戶怎麼都不開口吧，這種情況是很正常的，人們對與自己無關的話題總是興趣不高，而對與自己有關的話題則要感興趣得多。會聊天的人，一定是能讓對方主動說話的人，對方主動開口了，才有繼續深入聊下去的可能。

第二章
三十秒把話說動聽

讓你的話有聽眾

我們在搭乘公車的時候，經常能聽到爭吵，售票員與乘客之間、乘客與乘客之間甚至乘客與司機之間都可能發生。不過一般都是因為一些小事，比如買票不及時了，售票員態度不好了，不小心踩到腳或者撞到人了，很多時候都是一句話說得不合適，就會吵起來。碰上脾氣不好的，可能會沒完沒了地吵到下車為止，甚至還會動手。

可能有人要說：「這有什麼奇怪的，人與人之間有了矛盾後潛意識裡就處在對立的位置，有些爭吵也不為過。」但是如果大家都能注意一下自己的說話方式，那結果就會完全不同了。

在一輛公車上，一位乘客坐過了站，當他反應過來的時候，十分著急地大喊：「下車，下車。」一般的司機聽到後心裡可能會不舒服，心想你自己到站了不下車，現在對著我大喊大叫的幹什麼。可是這位司機並沒有生氣，而是笑著說道：「我可不能下車啊，我下了車誰來開車啊？」周圍聽到的乘客都善意地笑了笑，那位乘客也不好意思地撓了撓頭笑了起來。

乘客在著急的情況下，說出的話難免會帶有情緒，如果司機直接對著來一句「你出門都不帶眼睛？」，那一場爭吵是在所難免的。司機很巧妙地將話接了過來，不但自己充當了乘客的聽眾，也將乘客變成了自己的聽眾。

如果你想要把別人變成你的聽眾，那就要注意說話的方式，掌握好說話過程中的一些細節問題，像停頓、重點、強調、說話的速度等往往容易被人們忽視，而這些方面都會在不同程度上影響說話的效果。

一般來講，如果說話者要強調談話的某一重點，停頓是非常有效的。試驗顯示，說話時每隔三十秒停頓一次，不但能加深對方印象，還能給對方對提出的問題做出回答或加以評論的機會。

當然，適當的重複，也可以加深對方的印象。還可以用加強語氣、提高說話音調以示強調，表明說話者的信心和決心，這樣做要比使用一長串的形容詞效果要好。

說話聲音的改變，特別是恰到好處地抑揚頓挫，會使人消除枯燥無味的感覺，提高聽話者的興趣。此外，清晰、準確的發音，圓潤動聽的嗓音，也有助於提高講話的效果。

在聊天的過程中，應注意觀察對方，看對方是否能理解你說的話，以及對所說話的理解程度，以此來控制和調整說話的速度。在向對方介紹重點或要闡述比較看重的意見時，說話的速度應適當減慢，要讓對方聽清楚，並能記下來。同時也要密切注意對方的反應，如果對方感到厭煩，那可能是因為闡述得太過繁瑣，說話囉唆或者一句話表達了太多的意思；如果對方的注意力不集中，可能是因為說話的速度太快，對方跟不上你的思路。總之，想要說的話能有很好的效果，就必須注意說話的方式，讓你的話更有吸引力，讓你的話有聽眾。

真誠地讚美別人

真誠的讚美是使人快樂的原動力，人們都希望得到他人的肯定和承認。如果沒有讚美，人們會變得脆弱，容易受到各種不良思維的影響甚至侵擾。在別人的讚美聲中，人們更容易明白自己存在的價值，更容易獲得滿足感。

其實，每一個人都有自己的優點和長處，這些優點和長處正是個人存在價值的生動展現。人們一般都希望他人能看到和肯定自己的優點和長處，從而肯定自己的價值。因此，誠懇的讚美之聲，總是能夠贏得對方的歡心，同時也能為談話開啟局面，創造良好的氣氛。

邱吉爾曾說過：「你想要一個人有怎麼樣的優點，那你就怎麼樣去讚美他吧！」這話很有道理。因為在人和人的交往中，適當地讚美能促使對方朝著更好的方向轉變。

現實生活中人們總是覺得找不到讚美的理由，其實人們身上能找到的值得讚揚的地方很多。且不說優秀的、傑出的人物身上有許多優點，即使是普通人，也有許多優秀特質、優良品格值得去讚美。那麼，讚美別人有什麼技巧？應該注意什麼問題？

大多數人受到別人的讚美時，除非對方說得太離譜，否則絕不會感到厭惡，有時即使明知對方說的是奉承話，心裡還是免不了會沾沾自喜。在讚美一個人的時候，可以直接繞過他本人，去誇獎他喜愛的事物。

比如：你如果想與一位帶著孩子的母親搭上話的話，最好的辦法就是去讚美她的孩子。聽到你對孩子的讚美，那位母親一定會很愉快。如果你想從她那裡打聽些事情，多半會得到詳盡的回覆。

對於女性，大到可以讚美她的氣質、才幹、容貌、身材，小到可以讚美她的頭髮、眼睛、鼻子、牙齒、嘴唇，甚至一個別針、髮夾；也可以延伸到她的房間布置、衣著、丈夫、孩子等等。

而對於男性，更應該讚美一些他們自己引以為傲的東西或者他們本身所具有的特質、胸懷等，但不要過分地讚美一位男性的外貌，以免造成一些不必要的誤會。

要讚美別人，就必須找到可讚美之處。而要找到可讚美之處，就要用眼睛去發現、去挖掘，這是能夠在短時間內獲得別人好感非常好用的一種讚美技巧。

一九六〇年，法國總統戴高樂訪問美國。在尼克森為他舉行的宴會上，尼克森夫人費了很大的心思，布置了一個很漂亮的鮮花展臺，一張馬蹄形的桌子中央，鮮豔奪目的熱帶鮮花襯托著精緻的噴泉。

精明的戴高樂將軍一眼就看出來，這是女主人為了迎接他的到來而精心設計的，不禁脫口稱讚道：「夫人為舉行這次宴會，一定花了很多時間來進行布置吧！」

尼克森夫人聽後十分高興，事後她對朋友說：「大多數來訪的大人物，要麼不加注意，要麼不屑因此向女主人道謝，而他（戴高樂）卻總是能想到別人。」

這種從細節處讚美別人的方式，不僅要講究技巧，還要注意一些原則，否則不但沒能拉近雙方的距離，反而會引起別人的反感。

讚美的話一定要坦誠得體，讚美的首要條件，是要有一份誠摯的心意及認真的態度。言辭最能反映出一個人的內心世界，輕率的說話態度，會讓對方產生不快的感覺。所以讚美不能太離譜，太離譜的讚美就變了味道，會讓人覺得虛偽。

初次與人見面的時候，尤其需要掌控讚美的力度，適當的讚美是有禮貌、有教養的表現，不僅可以獲得他人的好感，還可以和對方在心理上、情感上靠攏。一見面就大肆吹捧，很難讓人不懷疑，會讓人覺得不可靠。

讚美也應該遵循實事求是的原則。真誠的讚美建立在客觀事實的基礎上，是一種真情的流露，旨在使人快樂。與人進行感情的溝通，需要選擇適當的措辭，千萬不能誇張，也不能太過分。不要誇張，就是說讚美的話應該樸實、自然，不要有太多修飾的成分，不要誇大其詞。不要過分，則指的是讚美的話要適度，有些話讚揚一次兩次會使對方感到愉快，但如果一味地反覆強調，也許別人就會懷疑你的動機了。

讚美別人還可以重點讚美對方所具有的特別的能力，當一個人很有興趣地談到他的專長，或他所取得的成績，或他所開展某項業務的輝煌時，你可以挑出對方讓你敬佩的能力和對方特別願意展示給他人的亮點加以讚美。

整體而言，讚美別人要做到熱誠具體，深入細緻。經常聽到有人讚美別人「你這個人真好」、「你這篇文章寫得真好」等，究竟好在哪裡，好到什麼程度，好的原因又何在，不得而知。這種讚美的話顯得很空洞，會讓人覺得這不過是客氣話。比如讚美一個人穿的衣服漂亮，不妨這樣說：「這件衣服穿在你身上很合身，顏色鮮豔，人顯得精神多了。」細節到位了，又顯得很真誠，能夠讓對方感覺到。

一位美國社會心理學家認為，正確的讚美方法是把讚美的內容具體化，更是明確提出了三個基本因素：你喜歡的具體行為；這種行為對你的幫助；你對這種幫助的結果有良好感受。有了這三個基本因素，讚美的話才不至於籠統空泛，才能使人產生深刻的印象。

懂得思考換位，說話才能到位

遇到衝突，思考解決辦法的時候，多站在對方的角度去想一想，能讓你更清楚地知道說什麼話才合適。

卡內基在一九一二年創立了卡內基訓練班，以教導人們人際溝通及處理壓力的技巧。他每季都要租用紐約某家大旅館的大禮堂二十個晚上，用以講授社交訓練課程。

有一次他做好授課的準備後，卻忽然接到通知，旅館的經理要求上漲禮堂的租金，而且價格是原來的三倍。當時課程的入場券都已經印好，而且早就寄出去了，其他開課的事宜也都已辦妥。卡內基只能去和旅館經理交涉，想讓對方做出讓步。

他對旅館經理說：

「我接到你們的通知時，真的是有點震驚。不過，這不怪你，假如我處在你的立場，或許也會做出同樣的決定。你是這家旅館的經理，你的責任是讓旅館盡可能得到更多的利潤，如果你不這麼做的話，經理職位可能就不保了。假如你堅持要增加租金，那就讓我們來估算一下，這樣做對你到底是有利還是不利？

先講有利的一面：大禮堂不租用作講堂而是租給舉辦舞會、晚會活動的單位，那你必然可以獲得較高利潤。因為舉辦這一類活動的時間並不長，所以他們願意一次付出高額的租金，比我一晚能支付的金額當然要多得多，租給我，顯然你吃大虧了。

再來說不利的那一面：首先，你增加我的租金，其實是降低了你的收入。因為這實際上等於你把我趕走了，我付不起你所要的三倍租金，肯定只能搬到別的地方去。有一個對你很不利的事實是，這個訓練班將吸引成千上萬的有文化素養的中上層管理人員到你的旅館來聽課，對你來說，這難道不是個不用花錢的活廣告嗎？事實上，你花五千美金在報紙上刊登廣告，也不一定能邀請到這麼多人親自到你的旅館來參觀，可我的訓練班學員卻被邀請來了，這難道不划算嗎？」

講完這番話後，卡內基說：「請仔細考慮後再答覆我。」最終，旅館經理讓步了。

卡內基在成功改變旅館經理想法的過程中，沒有談到一句關於他要什麼的話，他是站在對方的角度展開對話的。可以設想一下，如果他怒氣沖沖地跑到旅館經理辦公室，扯著嗓子大叫：「這是什麼意思！你知道我把入場券都印好了，而且都已經寄出去了，開課的相關事項也準備就緒了，你卻要三倍的租金，你不是存心整人嗎？三倍租金！好大的口氣！你有病嗎？我才不付呢！」如果真是這樣，即使他占著理，旅館經理大概也不會低頭，甚至會跟他直接「拜拜」。

設身處地地替別人想想，了解別人的想法，比單純為自己的觀點和對方爭辯要高明得多。我們在表達自己意見的時候，經常不能確定自己的想法是否會被別人接受，總是覺得如果自己的想法直接被別人否定了，那麼接下來的對話和行動一定會更加困難，所以我們總想得到別人的支持，想讓別人認同自己的想法。那麼在說話前，多站在對方的角度想一想，是很有必要的。

良好的說話氣氛很重要

為什麼說良好的說話氣氛很重要？說話時的氛圍對聊天的結果有沒有影響？答案是肯定的。人與人之間的溝通交流難免會因為思維方式的不同和生活習慣的差別產生誤會。如果聊天時的氣氛變得尷尬或者帶有火藥味，而對話雙方又不及時處理的話，後果還是很嚴重的。

「不對，我根本聽不出你的話有什麼道理」、「這你可說錯了」、「在你看來可能是那樣，但事實畢竟是事實」或「根本不像你講的那樣」這一類的話，基本上沒有多少人會喜歡聽，這類直截了當地反駁別人的話，很容易讓說話氣氛變得緊張。

有個很善於做皮鞋生意的人，別人賣一雙，他往往能賣幾雙。當別人向他請教推銷訣竅時，他笑了笑說：「要善於掌控說話時的氣氛，不要因為顧客提出的產品缺點讓對話變得有情緒。」

然後他舉例說：

「有些顧客來買鞋子，總是東挑西揀到處找缺陷，把皮鞋說得一無是處。顧客總是頭頭是道地告訴你哪種皮鞋最好，價格又適中，式樣與做工又精緻，他們表現得像這方面的專家一般。你若與之爭論是毫無用處的，他們這樣評論只不過是想以較低的價格把皮鞋買到手。

這時，你不能進入他們營造的緊張氛圍中，你要緩解氣氛，告訴他們鞋子除了這些缺點外，還有很多可以彌補這些缺點的優點。比如你可以先誇讚對方確實眼光獨特，很會挑選鞋子，自己的皮鞋確實有不足之處。然後說儘管皮鞋的式樣並不新潮，但是這是當時我們考慮到平衡性專門設計的，鞋底雖然不是牛筋底，踩不出響聲，不過鞋底柔軟，穿著更舒適，腳也不容易受傷……在說出不足的同時，對鞋子的優點讚揚一番，也許這正是他們瞧中的地方呢。顧客花這麼大心思來指出鞋子的種種不是，不正說明他們其實很喜歡這種鞋子嘛！你要做的其實是把他們帶到正常的說話氣氛中來，完成交易是水到渠成的事。」

如果想要推進某項事情，在與對方的溝通交流中，一定要注意掌控說話時的氣氛，良好的說話氣氛能夠促使事情朝著更好的方向發展，也能保障事情不會朝著更壞的方向發展。

一位行銷人員，在市場上推銷滅蚊劑，他滔滔不絕的演講吸引了一大群顧客。在他繪聲繪色的演講過程中，突然有人向他提出了一個問題：「你敢保證這種滅蚊劑能把所有的蚊子都殺死嗎？」

這位行銷人員機智地回答：「不敢，在沒打藥的地方，蚊子照樣活得很好。」這樣的回答讓本來因為那個問題比較冷場的氣氛瞬間活躍，人們在輕鬆的氛圍中，帶著笑意向行銷人員購買自己所需的滅蚊劑。

這種機智又幽默的語言在行銷活動中的應用，不僅可以營造輕鬆活潑的氣氛，還為行銷工作的開展創造了良好的環境。雙方的對話本身就成了一種極具藝術性的廣告語，給人們留下深刻印象。所以在遇到比較冷場的說話氣氛時，可以嘗試著把要說的話說得委婉一些、詼諧一些，比直截了當地說出一些比較硬的話效果要好得多。

在調節說話氣氛的時候要注意用語簡潔，以簡單明瞭的語言把盡可能多的資訊傳遞給對方。無論是談生意還是推銷產品，都要突出要點，讓對方能夠聽懂記住。如果說的話顛三倒四還反反覆覆，囉囉唆唆又言之無物，不僅讓人抓不住重點，還會讓人覺得你在浪費他的時間，引起對方的反感。簡潔的語言，不但是交際的需求，也客觀反映了一個人的職業素養。

說好開場白

俗話說得好，好的開始等於成功了一半。

會聊天到底有重要，可能從事銷售行業的人最清楚。很多做銷售的朋友抱怨自己的工作不好做，有時候跟客戶還沒說上幾句話，對方就表示沒興趣。事實上真正的原因是，很多業務員並不注重自己的說話方式。往往才說兩句，客戶就沒有聽下去的興趣了。既然想讓客戶購買東西，說的話就得提起他們的興趣，要讓他們願意聽。

一九六〇年代，美國非常成功的銷售員喬．吉拉德，有個非常有趣的綽號，叫做「花招先生」。他拜訪客戶時，會把一個計時三分鐘的計時器放在桌上，然後對客戶說：「請您給我三分鐘，三分鐘一過，如果您不想聽我再繼續講下去，我就離開。」

他會利用計時器、鬧鐘、一定面額的鈔票及各式各樣的花招，使他有足夠的時間讓客戶有耐心聽他講話，並對他所賣的產品產生興趣。

客戶是購買想法、觀念、物品、服務或產品的人，在與客戶的談話中，應該把客戶的利益與自己的利益相結合，帶領客戶了解問題，幫助客戶做出選擇，而如果想讓客戶覺得你是那個可以幫他解決問題的人，那你說的話就應該讓客戶感覺到這一點，好的開場白就顯得非常重要了。

美國某圖書公司的一位金牌女業務員總是從容不迫、平心靜氣地以提出問題的方式來接近顧客。

「如果我推薦給您一套有關個人效率的圖書，您開啟書發現內容十分有趣，您會讀一讀嗎？」

「如果您讀了之後非常喜歡這套書，您會買下嗎？」

「如果您沒有發現其中的樂趣，您把書重新塞進這個包裡寄回給我，可以嗎？」

這位女業務員的開場白簡單明瞭，使客戶幾乎找不到拒絕的理由。後來，這三個問題被該公司全體業務員採用，成為與顧客接觸時的標準開場白。

開場白的設計一定要簡單，在開場白成功吸引了客戶的注意力之後，緊接著就要用最簡潔的話將要說的核心內容表達出來。

如果客戶問你：「為什麼我應該放下手邊的事情來聽你介紹你的產品呢？」這時候你的回答應該在很短的時間內讓客戶明白你要說的重點，盡可能地吸引對方的注意力。

要設身處地站在客戶的立場問自己，為什麼他們應該聽你說，為什麼他們應該將注意力放在你的身上，怎樣保證自己不是在浪費對方的時間。好的開場白還要能讓客戶繼續提出問題，當你說完你的開場白以後，如果客戶對你說，你詳細跟我介紹一下這個東西，或者詢問你從事的行業的具體事務，這就表明客戶已經對你說的話產生了興趣。如果在你說完後客戶並沒有任何反應，仍然告訴你沒有時間，或是沒有興趣，那你需要快速地重新組織一下自己的語言，想辦法繼續將談話進行下去。

好的開場白能夠吸引住說話的對象，讓對方對你要說的話感興趣，當對方願意聽你說、願意跟你說的時候，你才有機會將想要傳達給對方的東西傳達給對方。

有些話可以說得誇張點

在大多數情況下，誇張並不是一個褒義詞。誇張的形容，誇張的表演，誇張的表情……都是說一樣東西過了頭，給人不好的感覺。說話也是一樣，說的話不能太誇張，但是說話方式可以略帶誇張，將平淡的話稍加修飾再呈現給他人，往往能使要說的話更吸引人。

古代有個在集市上賣鼓的人，他的攤位所在的位置並不好，沒有多少人光顧他的生意，他隔壁攤位賣牛肉的老鄉生意也不好，為了引起人們的注意，兩人一合計，在攤位前面大聲地聊起天來。

賣鼓的人大聲說：「我家有一面大鼓，敲起來，百里外也可以聽到。」得意之情溢於言表。

賣牛肉的人接著說：「這麼巧，我家有一頭牛，站在江南，可以吃到江北的草。」

兩人的談話吸引了很多行人駐足，賣鼓的人於是故意搖搖頭，質問賣牛肉的人：「哪有那麼大的牛？你在吹牛吧？」

行人中傳來幾聲輕笑，賣牛肉的人則淡定地回答道：「沒有吹牛啊，要是沒有那麼大的牛，怎麼會有那麼大的牛皮蒙你家的鼓？你家有那麼大的鼓，為什麼不相信我家有那麼大的牛？」

這麼有趣誇張的話，逗樂了所有聽到的行人，有些人來到攤位前挑選自己需要的，有些人則笑著離去，將這裡發生的事說給自己認識的人。於是越來越多覺得有意思的人過來看這兩個攤位，買的人也多了很多。

這兩個人之所以能夠成功吸引行人的注意，就是因為說的話很誇張，讓人們感覺有意思，勾起了人們的好奇心。這屬於把話說得誇張點讓別人願意聽你說，除此之外，還可以把話說得誇張點回應別人說的話。在馮夢龍纂輯的《三言二拍》中有一個短篇故事，講的是關於大文豪蘇東坡的事。

受家中濃厚文化氛圍的影響，蘇東坡家中的每一個人都有著極高的文學才華，很多人在小時候就表現出了天資聰穎的一面。蘇東坡的妹妹蘇小妹，正是這樣一個人，小小年紀不但作得一手好詩，更有「急智」，能應付很多突發的情況。

蘇東坡有一次取笑妹妹的額頭高，非常誇張地吟了一句詩：「香軀未離閨閣內，額頭已列畫堂前。」蘇小妹聽到後眼珠子一轉，想到哥哥曾經寫的「牆裡鞦韆牆外道。牆外行人，牆裡佳人笑」、「多情卻被無情惱」等含情脈脈的詩句，又想到哥哥是個長方臉，張口吟道：「去年一滴相思淚，今年方始到嘴邊。」

說完後兄妹二人對視一眼，都哈哈大笑起來。

蘇東坡和蘇小妹的才情和智慧都讓人感嘆不已。生活中我們難免會遇到他人言語上的刁難與調侃，如果想要回應對方的話語，但又怕氣氛變得尷尬，某些情況下完全可以將話說得誇張一點，不過誇張的力度要控制好，不要弄巧成拙。

第三章

五分鐘聊出好交情

跟任何人都能聊得來

在與他人談話之前，應該先了解對方可能感興趣的話題是什麼，雖然每個人感興趣的話題不同，但都離不開日常生活。也就是說，只要我們在平凡的生活中，保持敏銳的觀察力，就能夠蒐羅到豐富的談話題材，就能夠與形形色色的人交談。

美國前總統羅斯福的傳記中透露，每一個被羅斯福接見過的人，都會驚訝他何以全知全能。無論是牧童、農民、工人，還是政治人物、商業鉅子，都能和羅斯福聊得很投機，這究竟是為什麼?難道羅斯福有什麼特異功能嗎?

當然不是，其實，原因很簡單，羅斯福是美國歷史上相當耀眼的政治人物，他深知獲取人心的捷徑，就是談論這個人以為最值得談的事。無論接見任何人，無論那個人地位高低，在前一天晚上，羅斯福肯定要預先閱讀對方感興趣的談話數據。

他總能聊一些和對方相關的事，因此見過他的人，對他的評價都非常高。

在與人聊天的過程中，難免會有冷場的時候，學會打破冷場消除尷尬冷落的場面，能夠讓你在與不同的人聊天的過程中更遊刃有餘。打破說話冷場的方法很多，關鍵要看是否能夠隨機應變，及時發現和找到對方關心或與對方有關的事物，像對方的愛好、習慣、家人、學術成就、個人特長等，都可以作為話題。

有一位老記者去採訪一位脾氣古怪的科學家，到了科學家那裡，老記者注意到牆上掛著幾張拍出來的風景照，猜想科學家應該愛好攝影，於是就跟科學家先聊起了構圖、色調之類的。科學家興致勃勃地拿出了他的相簿，跟老記者聊了好久，後面的正式採訪，科學家自然十分願意配合，進行得非常順利。

「酒逢知己千杯少，話不投機半句多」，與人聊天的時候要動動腦筋，多注意觀察，找到與對方的共同點，切不可談論讓對方反感的話題，當你跟不同的人聊天能夠做到知道該聊什麼不該聊什麼的時候，基本上就能夠跟任何人都聊得來了。

不要聊別人不懂的話題

說話最主要的目的就是讓人聽懂，不能說得太亂，也不能說一些只有少數人才懂的話題。

在與人聊天交談中，用詞的準確性和恰當性對交談結果有著至關重要的作用。因此，我們必須注重對此項環節的訓練，以期能在社交場合中做到用詞準確，能夠做到靈活變通。

有一次，哈利．溫斯頓讓公司裡的一位珠寶專家去為一位荷蘭富豪介紹一顆昂貴的鑽石。

珠寶專家詳盡而細緻地講解了該鑽石一流的質地、高科技的切割工藝以及各項珠寶鑑定指數。荷蘭富豪聽了講解後，只是禮貌性地點了點頭。等專家介紹完，他便站起身來告辭：「謝謝你，這顆鑽石確實非常棒，但它並不是我想要的。」

看到荷蘭富豪要走，坐在一旁的溫斯頓趕忙上前攔住了他：「先生，讓我再為您介紹一下這顆鑽石，可以嗎？」

富豪出於禮貌，便再次坐下。溫斯頓從珠寶專家手中接過鑽石，但他並沒有用任何專業術語，而是抒發了自己對這顆鑽石的無限熱愛：「這是我最喜愛的鑽石之一，它的名字叫做『天使之心』，您看，它在陽光下是那麼晶瑩剔透，那麼璀璨奪目，像天使一樣，令人怦然心動！我想，這就是您一直尋找的想要送給您女兒的最佳禮物！」

荷蘭富豪聽了溫斯頓的話之後，連連點頭說：「對，沒錯！就是它！」於是，這顆價值不菲的鑽石，在溫斯頓說了幾句話之後，找到了新主人。

珠寶專家的話，不能說不好，但不帶多少情感因素，對荷蘭富豪來說，這並不是他想要的，他並不想了解鑽石是怎麼加工的。專家的話沒有給他多少新鮮的感受，甚至讓他感覺很無趣。對荷蘭富豪來說，他買禮物給女兒，是想要找到一種能蘊含他對女兒的愛的寄託，「質地」、「切割工藝」、「鑑定指數」等反而不是最重要的，所以專家的介紹，並沒有說到他的心坎上，也就沒能打動他。

溫斯頓的話，將在珠寶專家眼中冰冷昂貴的鑽石，描繪成了美的化身，是美麗的「天使之心」。溫斯頓說出了荷蘭富豪想要聽的話，他把這顆鑽石飽含著的感情與富豪對女兒的疼愛糅合在一起，極富感染力，打動了富豪，使其改變了主意，把鑽石買了下來。

在與人聊天的過程中，如果對方對你所說的話題並沒有表現出多大的興趣，甚至有所抗拒，那就應該思考一下是不是這個話題對方並不是很了解，所以興趣欠缺。如果真是這樣，你就要及時地轉變話題，談論一些雙方都了解或感興趣的話題。

說話時多提及對方的名字

在和陌生人交往的過程中，記住對方的名字很重要。牢記對方的名字，可以快速拉近彼此的距離，使對方對你產生良好印象。

熟記對方的名字，在任何時候，都是一件不能疏忽的事情。記住對方的名字，並把它說出來，相當於給對方的一種認同。

吉姆是羅斯福競選總統時的總幹事，他一八九九年出生在紐約，由於家境貧寒，十歲時就輟學去磚場打零工。

不過吉姆是個樂天派，沒有因為生活的壓力就意志消沉，他從一個童工做起，經過三十年的不懈努力，在四十六歲那年，被四所大學授予名譽學位，且擔任美國民主黨全國委員會主席等重要職位，還盡自己最大的努力把羅斯福推上了總統寶座。

一個幾乎沒受過教育的工人，卻能成為總統的左右手。這樣的傳奇讓鋼鐵大王卡內基感到很驚奇，於是他向吉姆請教成功的祕訣。

吉姆的回答簡單有力：「埋頭苦幹！」

卡內基對這個答案並不滿意，他還有些懷疑。

於是吉姆反問卡內基：「這樣吧！那你覺得我為什麼能成功？」

卡內基想了想之後回答說：「我知道你能叫出一萬個人的名字。」

「不，不是這樣。」吉姆笑著說，「我能叫出五萬個人的名字。」就是憑著這項專長，吉姆幫助羅斯福獲得了總統職位。

之前在一家石膏企業擔任外務員時，吉姆就已經知道一般人對自己名字的興趣，絕對勝於世上其他的文字。如果能把對方的名字當面叫出，對對方而言是一種尊重。相反，如果把對方的名字忘了或記錯，後果就難以想像了。

吉姆自創了一套記憶名字的辦法：無論何時何地，只要遇到陌生人，他一定要把對方的名字問清楚。不單單是幾個簡單的字母，還包括對方的職業、黨派、宗教、家庭狀況等其他相關資訊，並且把這些資訊牢牢記在腦袋裡，甚至回家後還像學生做功課一樣，反覆溫習。

正是憑著這個本領，即使在多年後再遇到這個人，吉姆也能清楚地喊出對方的名字，熱情地上前寒暄，並且還能說出對方有什麼喜好，或是最得意的事蹟。靠著這種特長，吉姆的朋友遍天下。

記住對方的名字並不是一件多麼複雜的事，隨時隨地都可以進行，可以把他的名字和他的衣著、外貌、舉止、談吐結合起來，這樣更方便記憶。

用熱情的招呼贏得好感

在人際交往的過程中，熱情的招呼是必不可少的一個環節，也是比較直接的能讓人感覺到你的感情的一種方式。

一家生意興隆的麵包房僱用了許多女售貨員。她們個個彬彬有禮，老主顧們也都很喜歡她們。其中一名女售貨員尤其出色，就算顧客還在排隊或正從別的售貨員處付帳購買，她也會微笑著看看顧客，熟練地叫出他們的名字，向他們問好。她招呼自己的顧客時更是熱情周到，末了總是關切地問一句：「我還能為您做點什麼？」

到她這裡排隊付帳的顧客明顯比其他地方的顧客要多得多，甚至很多第一次來這家麵包房的顧客，都願意來她這邊和她打個招呼。

這充分說明，即使一個人與另一個人接觸的時間很短，兩人的交往即使由於某些客觀原因受到限制，但是如果一方向另一方表現出了足夠的熱情，即使由於某些客觀原因受到限制，兩人的溝通交流也總是會朝著積極的方向發展。反之，如果其中一方待人接物缺乏熱情，將會十分讓人掃興。

一位瑞士畫家來到慕尼黑觀光。出了火車站，他高高興興地上了一輛計程車，前往早已預訂的飯店。在去飯店的路上他想和司機聊聊天，於是就跟司機說：「今天總算又看見太陽了，真是個好天氣！」沒承想計程車司機卻硬邦邦地甩下一句話：「這種天氣有什麼好稀罕的？」畫家聽到這話後，瞬間就沒了與司機聊天的欲望。

在與人交流的過程中，不要發牢騷，也不要把灰心失望的情緒寫在臉上，不要唉聲嘆氣，或扭扭捏捏，或一臉惱怒，或沉默冷淡，或冷冰冰、硬邦邦地答覆對方。這些表現不但會破壞雙方的情緒，還會讓對方覺得你根本不尊重他。一定要表現出你的熱情，你的熱情會讓他感覺到你在重視他、關心他，與他站在同一立場上；熱情還表示你樂於善待和幫助他，與他攜手協力，這樣一來，他就會覺得與你相處或合作非常愉快。

用讚美開啟缺口

美國著名圖書推銷高手博恩．崔西曾經說過：「人是感性左右理性的動物。若一個人的感性被真正調動了，那麼，他想拒絕你，比接受你還要難。而要想迅速調動起一個人的感性，最有效和快捷的方法就是恰如其分的讚美。」

他說自己能讓任何人買他的圖書，而推銷圖書的祕訣便是：讚美顧客。有一次，崔西到某家公司推銷圖書，辦公室裡的員工選了很多書，正準備付錢，忽然進來一個人，大聲道：「這些跟垃圾似的書到處都有，你們要它們幹什麼？」

崔西正準備向他露一個笑臉，他緊接著一句話扔了過來：「你別跟我推銷，我肯定不會要，我保證不會要。」

「您說得很對，您怎麼會要這些書呢？明眼人一下子就看得出來，您是讀了很多書的，很有文化素養，很有氣質，要是您有弟弟或者妹妹，他們一定會以您為榮為傲，一定會很尊重您的。」崔西微笑著，不疾不徐地說。

「你怎麼知道我有弟弟妹妹的？」那位先生有點興趣了。

崔西回答：「我注意到您身上似乎有一種特殊的感情流露，那是一種哥哥對弟弟妹妹特有的呵護，我想，您之前剛跟他們接觸過吧，他們有您這樣的哥哥，真是上帝的眷顧！」

那人聽了後開心得不行，拉著崔西聊了十多分鐘，最後，以支持朋友的工作為由，為自己的弟弟選購了五套書。

想要做到從容自如地讚美別人，是有很多技巧的。

首先，要善於找到對方的亮點。會說話的人善於發現他人值得讚美的地方。讚美是說給人聽的，讚美的話，必須與人產生連結，只稱讚某個東西有什麼特色，是無法突出對人的讚賞的。要抓住對方的知識、能力和品味進行稱讚。

其次，要撓到對方的「癢處」。日本頂尖業務員齊藤竹之助說：「想輕易地發現每個人身上最普遍的弱點，是很簡單的事情，因為只要你留心他們最愛談的話題便可以知道。因為言為心聲，心中最希望的，也就是他們嘴裡談得最多的。你就在這些地方去抓他們，一定能抓到他們的『癢處』。」

最後，也是非常重要的一點就是，讚美一定要真誠。沒有根據地瞎吹亂捧是「拍馬屁」，每個人都有自己的辨別能力，什麼是真誠的讚美，什麼是虛偽的吹捧，人們是可以分辨出來的。要真誠地對待別人、讚美別人，真心的對待必然有真心的回報。

第四章

七小時巧用幽默

幽默「潛規則」

很多人喜歡用開玩笑的幽默方式來開啟說話的局面，不過開玩笑隨意性固然很大，但要注意的禁忌也很多。開玩笑的過程中蘊含著深刻的智慧，千萬不能亂開。開玩笑應有分寸，否則傷害人、得罪人而不自知，那才是得不償失。因此，在開玩笑之前應該三思，以免出口成「刀」，傷害他人。

即使關係再好的朋友，開玩笑也是有度的，一旦過了火，就不可避免地傷害到對方。在生活中，喜歡開玩笑是正常的，但是玩笑過了度，就會把有著調節氣氛效果的玩笑話轉變為「黑色玩笑」。這種「黑色玩笑」自然是不被人所喜歡的。總是開過度玩笑的人，就會被人們掛上「刻薄」的標籤，自然也更加惹人反感。

開玩笑一定要看對方是什麼人。同事之間也許笑過就算了，但是一定不要隨便開老闆的玩笑，因為老闆的尊嚴是一定不能冒犯的。

程盈盈負責公司的外勤工作，平時對工作負責，靈活又認真，說話還很幽默，到哪都能吃得開。但就是這樣一個可愛的女孩，卻一直得不到提升。

程盈盈一直十分努力認真地工作，有一次她加班一整夜，次日一早趕到公司。一身疲憊的她被主管不分青紅皂白地批評了一頓，數落她工作不夠細緻、工作狀態很差等等，任她如何解釋都不行。程盈盈感到十分委屈，於是她向平時談得來的老員工請教。對方對她說：「我覺得妳最好仔細想一想妳平時是否在言辭上曾冒犯過老闆。」

這麼一問，程盈盈想起來了，自己平時就喜歡和同事開玩笑。和老闆相處久了，覺得老闆對員工都是和和氣氣的，沒有架子，一時大膽起來，開起了老闆的玩笑。一天，老闆穿了一身筆挺的西裝來上班，大家都誇讚道：「老闆今天真有精神」、「老闆今天太帥了」……程盈盈也看到了老闆，脫口而出：「老闆，你今天穿了新衣服，顏色很正，但款式應該是去年的了。」老闆當時沒說話，現在想起來他當時臉色很難看，因為從那以後他再也沒穿過那套衣服。

還有一次，程盈盈帶著剛談好的客戶去老闆辦公室簽合約，老闆拿筆在合約上瀟灑地簽下名字，客戶看後忍不住誇讚老闆的字寫得漂亮，程盈盈的幽默感一時又上來了，她說：「能不好看嗎?老闆偷偷練了三個多月呢，而且這可是老闆寫得最多的字！」程盈盈沒注意到她說完這話後，氣氛立刻就陷入了尷尬之中。

回想起這些事情，程盈盈就明白自己不受重用的原因了，她無時不在的幽默感，原來並不都是恰當的。

開玩笑一定要掌握好分寸，否則，傷害了他人，最終也傷害了自己。

生活中與人開玩笑是必要的，但是在開玩笑之前，必須加以考慮，注意措辭。因此，幽默要掌握好以下「規則」：

◆內容要高雅

笑料的內容是一個人思想情趣與文化修養的展現。幽默要高雅、健康、有格調，這樣才能給予對方啟迪和精神上的享受。

◆態度要友善

與人為善，是幽默的一個原則。幽默是情感溝通的一種很好的方式，不應該是發洩自己情緒、侮辱別人的，只有善意的幽默才是正確的溝通方式。如果不是善意的幽默，即使你伶俐的口才占了上風，也得不到別人的尊重，也沒有人願意與你往來。

◆開得適時，開得恰當

玩笑是要開的，但要開得適時，開得恰當，開得合理。不然，就不會達到好的「笑果」。朋友之間相處，開玩笑是經常發生的事，這不是什麼壞事，但開玩笑要拿捏分寸。

用幽默化解摩擦

大的爭鬥都是從小的摩擦開始的。小到人與人之間的打鬥，大到國家間的戰爭，很多導火線都是很不起眼的摩擦。

宏都拉斯和薩爾瓦多之間爆發的著名的「足球戰爭」，就是因球迷間的衝突而引發的。儘管這場富有戲劇性的戰爭僅僅持續了一百個小時，雙方傷亡卻高達上千人，經濟損失超過五千萬美元，可謂損失慘重。兩國的武裝衝突也給周邊地區帶來了極大的影響，導致中美洲共同市場陷入癱瘓。雙方的貿易完全中斷，邊境衝突不斷，航空飛行也中斷了數年之久。

聽起來也許很不可思議，這場戰爭的導火線竟然是球迷間的摩擦，不過仔細想一想，似乎發生在我們周圍的爭執和衝突，都是從一些不起眼的小摩擦開始的。通常都是一些小問題處理不當，才導致更大的衝突。當小摩擦出現的時候，我們就應該認真對待了，不要等到事情一發不可收拾的時候才慌忙地去面對。尤其是當一些可能引發衝突的情況發生時，便要機智地去化解，以做到防患於未然。

在清代小石道人編寫的《嘻談錄》中有一則名為〈恭喜也罷〉的故事，也許看過之後能給我們很好的啟發：

有三位鄰居同住在一個院子裡，正巧旁邊的兩戶都生了小孩，院子裡洋溢著喜慶的氣氛。

這日，住在中間的問左邊的鄰居：「你家生了什麼？」鄰居回答說：「生了兒子。」

這人說道：「恭喜。」

接著他又問右邊的鄰居：「你家的呢？」鄰居回答說：「生了女兒。」

那人說：「也罷。」

這位鄰居聽到後臉就拉了下來，嗔怪道：「人家生了兒子，你說『恭喜』；我家生了女兒，你卻說『也罷』，你未免太重男輕女了吧。」

這人自覺失言但一時也不知道怎麼彌補，此時對方的臉色已經鐵青。正巧外面鑼鼓聲響起，原來是四個轎夫抬著一位太太從這裡經過。於是，這人用手一指，然後跟鄰居說：「你看，那不是四個『恭喜』抬著一個『也罷』來了。」

鄰居聽了後一愣，然後哈哈大笑，原有的怒氣已經被幽默的話巧妙地消除掉了。

英國著名作家狄更斯也遇到過類似的事情：

有一天，狄更斯正在湖邊釣魚。這時，一個陌生人走到他身邊問道：「怎麼啦，你在釣魚？」

「是啊，」狄更斯爽快地回應道，「今天運氣不好，釣了半天，一條魚也沒有釣到。不像昨天，也是在這個湖邊，我釣到了十五條魚！」

「是嗎？」陌生人笑著問道，「你知道我是誰嗎？你看看那邊的牌子。」狄更斯往他指的方向看去，牌子上寫著「禁止釣魚」。

「我是專門對釣魚者開罰單的。」那人說道。接著便從口袋裡掏出一個簿子，要開罰款單。見此情景，狄更斯急中生智，連忙反問：「那麼，你知道我是誰嗎？」

那人顯然不認識他，一臉疑惑。狄更斯也笑著說道：「我是作家狄更斯，你不能罰我的款，因為虛構故事是我的職業，我說我昨天釣了十五條魚其實是我虛構的。」

狄更斯的幽默明顯打動了那個人，那個人笑著告訴狄更斯：「行啦，夥計，下不為例。」之後兩人又聊了很久，成了很不錯的一對朋友。

大多數人碰到這樣的情況，可能會發生一場爭吵；遇到脾氣暴躁的，拳腳相加都有可能。這個時候用幽默化解摩擦，不是更好嗎？

幽默的話能夠挽回局面

說錯話的經歷誰都有過，有的時候興起，大說特說，難免說錯，這屬於言多必失；有的時候對所遇到的情況猜想錯誤，開口就錯，甚至多說多錯，這屬於沒有審時度勢；還有的時候說話不考慮後果，張口就來，這便是有口無心。不管怎樣，說錯話的結果都是無比尷尬的，輕則不能讓人正確理解自己的意思，重則使對方產生很大的誤會。

說錯話了就要及時改正，就像做錯事一樣，一定不能放在那裡不管，不然只會讓自己尷尬。怎樣去挽救則需要智慧和技巧。倘若意識到錯誤後只會一味地說對不起，作用雖有，效果卻不明顯。所以，想要彌補自己說錯的話，需要發揮你的幽默才能。

美國前總統布希任職期間，英國女王來美訪問，布希在白宮南草坪上為英國女王伊莉莎白二世和女王的丈夫菲利普親王舉行了隆重的歡迎儀式。

歡迎儀式包括二十一響禮炮和樂隊演奏的兩國國歌，駐美外交官、美國國會議員等七千多名賓客參加了這個歡迎儀式。

布希在演講中談到英國女王以前的訪美之行時說：「美國人民自豪地歡迎女王陛下訪問美國——這個您熟悉的國度。您曾經和十位美國總統共進過晚餐，您還參加了美國獨立兩百週年紀念儀式，那是在一七……嗯，是一九七六年。」

儘管布希及時發現口誤，並迅速改正過來，但這個口誤仍然沒有逃過現場嘉賓的耳朵，觀眾席中頓時爆發了大笑。

布希回頭頑皮地衝女王眨了下眼睛。女王則冷淡地回看了一眼布希，臉上沒有任何表情。

急於掩飾窘迫的布希則用起了幽默，他自我解嘲地打趣說：「她（女王）剛才看我的眼神，就像是一個母親在看自己犯錯的孩子一樣。」

觀眾席上爆發出了更響的笑聲，英國女王也終於露出了笑容。

在如此高規格的外交場合上，布希卻因為口誤險些淪為笑柄，他感受到的尷尬是可想而知的。在向女王頑皮地眨了眨眼後，只得到了女王的冷眼。見此招不行，布希便發揮出了自己的幽默。他順著當前的形勢來了句「她（女王）剛才看我的眼神，就像是一個母親在看自己犯錯的孩子一樣」，誠懇但不失俏皮地承認了自己的錯誤，也得到了女王及在場嘉賓的諒解。

英國生物學家、進化論的奠基人達爾文，在一次酒會上遭遇到一位女士的嘲諷。這位女士帶著戲謔的口吻向達爾文提出疑問：「達爾文先生，聽說你斷言，人類是由猴子變來的，我也屬於你的論斷之列嗎？」

「那當然嘍！」達爾文看了她一眼，非常有禮貌地答道，「不過，您不是由普通猴子變來的，而是由長得非常迷人的猴子變來的。」

達爾文幽默的話化解了這位女士的敵意，挽回了可能會變得劍拔弩張的局面。

在日常的交際活動中，如果遭受到別人的刁難和嘲笑，不要著急反擊回去，你可以用自己的幽默，化解對方的敵意，不但能挽回局面，還能表現出自己的胸懷！

恰當地使用幽默

現在很多電影，為了追求效果，經常會將一些段子或者幽默的話插入到劇情中，有些電影處理得非常不錯，不過大部分卻只是讓觀眾覺得尷尬。這其實說明了一個道理：幽默並不適用於所有場合，應適當地使用。

吳宇森導演二〇〇八年出品的《赤壁》上映前受到了很多影迷的期待，但是當這部電影真的呈現在觀眾面前時，卻引起了很大的爭議，尤其是裡面的對白，更是讓許多觀眾難以接受。支持的觀眾認為這是吳宇森導演成功轉型的象徵，新增的幽默元素讓電影更好看了，但是更多的人認為，這種牽強附會的幽默，只會給予人生搬硬套的感覺，沒有任何的笑點。

相比而言，周星馳電影中的幽默就自然得多，不是單純為逗觀眾笑的刻意幽默，更多的是注重電影本身的需要。那些無厘頭橋段，正是因為他電影本身的基調，還有劇情上的前呼後應，顯得恰到好處。生活中其實也是一樣的，你可以幽默，但是不能去刻意幽默。如果你僅僅是想給別人留下幽默的印象而故作幽默的話，會讓人覺得有點牽強，一點也不好笑。

著名的美國軍事統帥巴頓將軍，對士兵的生活福利非常關心，有一次突擊檢查了下屬餐廳。來到餐廳後，他看見兩個士兵站在一個大湯鍋前。

「讓我嘗嘗這湯。」他的語氣不容置疑。「可是，將軍……」士兵的臉上有些尷尬。「沒什麼『可是』，我就是要突擊檢查，不給你們準備的機會。給我勺子！」將軍拿過勺子喝了一大口，眉頭緊緊地皺了起來，「太不像話了！」他厲聲喝斥道，「怎麼能給戰士喝這個？這簡直就是刷鍋水！」

「我正想告訴您這是刷鍋水，沒想到您已經嘗出來了。」士兵答道。

如果士兵只回答這就是刷鍋水，只怕巴頓將軍面子上不好過，但他幽默的回答，為巴頓將軍保留了一絲顏面。

有對比就很容易能夠看出幽默的效果，恰當地使用幽默便是這樣，宛如蜻蜓點水，卻似畫龍點睛。

學習幽默的技巧

有些人的幽默是與生俱來的，不過大多數人的幽默都是透過後天的學習培養出來的。

學習幽默的技巧，首先要累積幽默的素材。如果你沒有即興幽默的能力，不如多看一些漫畫和笑話，從中體會幽默的感覺，學會欣賞幽默。久而久之，你就會培養出幽默感。

其次，也可以體會別人的幽默。敞開心胸，去接受各種不同的人和事物，使自己能聽懂別人的幽默，它們會在你的內心留下痕跡。

還有，要保持愉快的心情，它是幽默感的「土壤」。如果你心情沉鬱，老是想著一些不快樂的事情，怎能擁有製造快樂的幽默感呢？

除此之外，使用誇張、諷刺、反語、雙關等手法，也可以實現一定的幽默效果。這裡介紹幾種常用的方法：

◆自我解嘲

幽默的一條重要原則，就是寧可取笑自己，也絕不要輕易地去取笑別人。有位名人曾經說過：「笑的金科玉律是，不論你想笑別人什麼，先笑自己。」

自嘲，也是自知、自娛和自信的表現，它本身就是一種幽默。

英國作家傑斯塔東是個大胖子，由於體積過大，行動起來很不方便。但他從不以胖為恥，有一次他對朋友說：「我是個比別人親切三倍的男人，每當我在公車上讓座時，便足以讓三位女士坐下。」

這輕鬆愉快的自嘲，創造了輕鬆愉快的幽默，同時又表現了傑斯塔東的高度自信。

◆有意曲解

所謂曲解，就是歪曲、荒誕地進行解釋。它說的是以一種輕鬆、調侃的態度，對一個問題進行廣泛解釋，將兩個表面上毫不相關的東西連繫起來，造成一種不和諧、不合情理、出人意料的效果，從而產生幽默。一位妻子抱怨她的丈夫：「你看鄰居王先生，每次出門都要吻他的妻子，你就不能做到這一點嗎？」

丈夫答道：「當然可以，不過目前我跟王太太還不太熟。」

這位妻子的本意是要她的丈夫在每次出門前吻自己，而丈夫卻有意曲解為讓他吻王太太，幽默地化解了氣氛，逗樂了自己的太太。

在溝通遇到障礙時，可有意曲解對方的意思，緩解說話的氣氛。

◆正話反說

說出來的話，所表達的意思與字面意思完全相反，就叫正話反說。如字面上肯定，而意義上否定；或字面上否定，而意義上肯定。

有一則宣傳戒菸的公益廣告，完全沒提到吸菸的害處，卻列舉了吸菸的四大好處：一可省布料，因為吸菸易患肺癆，導致駝背，身體萎縮，所以做衣服就不必用那麼多的布料；二可防賊，吸菸的人常患氣管炎，通宵咳嗽不止，賊以為主人未睡，便不敢行竊；三可防蚊，濃烈的煙霧熏得蚊子受不了，只得遠遠地避開；四可永保青春，不等年老便可去世。這裡提到的吸菸的四大好處，讓人們從笑聲中悟出其真正要說明的道理，即吸菸有害健康。

◆巧妙解釋

英國著名女作家阿嘉莎．克里斯蒂和比她小十四歲的考古學家馬克思．馬洛溫結婚後，有人問她為什麼要嫁給馬克思．馬洛溫，她幽默地說：「對於任何女人來說，考古學家都是做丈夫的最好選擇。因為妻子越老他反倒會越愛她。」

這一巧妙的解釋，既展現了克里斯蒂的幽默感，又說明了他們夫妻關係的和諧。

◆使用模仿語言

模仿語言是指模仿現存的詞、名、篇、句式及語氣而說出新的話，其往往藉助於某種違背正常邏輯的想像和聯想，把原來的語言要素用於新的語言環境中，製造幽默。

美國的一位女教師在課堂上提問：「『不自由，毋寧死』這句話是誰說的？」

過了一會兒，有人用不熟練的英語答道：「一七七五年，派翠克．亨利說的。」

「對。同學們，剛才回答問題的是日本學生，你們身為美國人卻回答不出來，多麼可憐啊！」

「把日本人幹掉！」教室裡傳來一聲怪叫。

女教師氣得滿臉通紅，問道：「誰？這是誰說的？」

沉默了一會兒，突然有人答道：「一九四五年，杜魯門總統說的。」

這位同學模仿老師的提問做了回答，達到了用幽默化解矛盾的效果。

◆俏皮風趣

據說，當年馮玉祥想娶妻的消息公布之後，名門閨秀、摩登女郎紛紛趕來「應徵」。選聘夫人這種事完全委託祕書來處理自然不妥，於是馮玉祥將軍親自出面進行「面試」，而且「面試」的問題只有一個：「妳為什麼選擇嫁給我？」

有人回答：「因為您是個大英雄，我愛慕英雄！」

也有人回答：「因為您是大官，和您結婚就是官太太。」

……

來的人不少，但結果卻令馮玉祥將軍非常失望，這種具有依附型心理的女性不是他喜歡的。

後來，李德全出現了。她不僅氣質不凡，而且回答得也石破天驚：「上帝怕你做壞事，派我來監督你！」

李德全的機智俏皮和風趣征服了馮玉祥，一時被傳為佳話。

在日常生活中，我們身邊很難有喜劇演員、相聲表演藝術家之類的人。但是，只要我們細心觀察身邊人的許多有趣的言語、行為，就會發現幽默可以無處不在。

幽默的談吐代表著開朗樂觀的個性，是一個人聰明才智的展現。當然，僅僅懂得了幽默的方法還不足以表明你已經具有了幽默細胞，就像有了毛筆卻不一定會成為書法家一樣，這還要求有較高的文化素養與之相配，而更為關鍵的是運用。

第五章
委婉地表達

說話要會轉彎

說話的時候心眼太直就容易「碰壁」，說話碰壁的滋味可不好受，碰一鼻子灰不說，還容易遭到別人的白眼。

怎麼說話才能不碰壁呢？那就是說話遇到困難的時候要懂得轉彎。我們都認識這樣的人，他們以無拘無束、魯莽直率的說話方式為榮。

他們認為這是一種誠實的表現，是一種獨特的個性象徵。在他們看來，那些迂迴曲折的表達方式和人際交往中常用的外交辭令，都是懦弱和虛偽的表現。他們所信奉的是「有什麼就說什麼」。然而，這樣的人永遠都不可能取得成功。

儘管人們相信他們是誠實的，但是由於他們不願意把話說得「好聽點」，不善於察言觀色，他們常常把事情搞得一團糟。他們不知道如何有效地與他人交流——他們在人群中總是顯得那麼格格不入，總是處於極度尷尬的境地。

人們都喜歡體貼入微的關懷，喜歡被別人溫柔地對待，希望和聰穎機智的人打交道。那些以毫無顧忌的、直來直往的說話方式為榮的人，通常既不會有太多的朋友，也不會在事業上取得較大的成功，而且很多時候，會不自覺地對他人造成傷害。

因此，即使是講真話，也要把它轉變成別人能接受的方式說出來。德皇威廉二世曾派人將一艘軍艦的設計圖交給一位造船界的權威人士，請他評估一下。威廉二世在所附的信件上告訴對方，這是他花了許多年、耗費不少精力才研究出來的成果，希望能被仔細鑑定一下。

幾個星期之後，威廉二世接到了這位權威人士的報告，這份報告附有一沓十分詳細的分析推論，文字報告是這樣寫的：

「陛下，非常高興能見到一幅美妙的軍艦設計圖，能為它做評估是在下莫大的榮幸。可以看得出來這艘軍艦威武壯觀、效能超強，可以說是全世界絕無僅有的海上雄獅。它的超高速度前所未有，而武器配備也是舉世無雙；至於艦內的各種設施，將使全艦的官兵如同住進一間豪華旅館。但這艘舉世無雙的超級軍艦還有一個小缺點，那就是如果一下水，馬上就會像隻鉛鑄的鴨子般沉入水底。」

本來就是玩樂性質的威廉二世，看完這個報告，不禁一笑。

其實這位造船界的權威人士的意思就是這張設計圖根本是張廢紙。但他如果直言不諱地說「陛下，您的設計圖一點也不適用，只有一個空架子」，結果會怎麼樣呢？想必大家都能想像得到吧。

所以一定要明白良藥不一定要苦口的道理，即便出發點是為他人著想，也需要讓自己的話委婉點，能夠被對方接受。

說話不僅僅是我們說，還要讓對方願意聽。想一想，如果我們一番好心，卻由於沒有注意所說的話的分寸，弄得對方心存不滿，那豈不是比竇娥還冤？

自認為好心，就劈里啪啦地說一通，以為自己的一番好心會被對方理解，殊不知，即使對方知道你是好心，可是這樣口無遮攔、不計後果，只怕還是會被難以接受。

怎樣向上級提意見？

當要向上級提意見的時候，應當怎麼說才合適呢？如果你一心為公司好，說出的意見卻不被上級採納，甚至引起上級的反感豈不是太冤枉？因此，在提意見前，多動動腦子是必要的。

在陳述自己意見的時候，不要只盯著現狀的不好說，說話的重點應該放在自己意見實施後可能帶來的好處上。

《三國志．蜀書．簡雍傳》中記載：「時天旱禁酒，釀者有刑。吏於人家索得釀具，論者欲令與作酒者同罰。雍與先主遊觀，見一男女行道，謂先主曰：『彼人欲行淫，何以不縛？』先主曰：『卿何以知之？』雍對曰：『彼有其具，與欲釀者同。』先主大笑，而原欲釀者。雍之滑稽，皆此類也。」

大意如下：

天乾成災，劉備便下令禁酒。即便是家裡只有釀酒器具的，搜出來後也要一併受罰。這種制度極大地激起了民怨，可是百姓敢怒不敢言。這種情況被簡雍看在眼裡，他決心要勸勸劉備。

有一次他和劉備外出，看見一男一女在路上行走。簡雍對劉備說道：「這兩人要行苟且之事，為什麼不把他們抓起來？」劉備不解，問：「為什麼？」簡雍一本正經地回答道：「他們身上有淫亂的工具，當然要抓起來啊。」劉備聽完大笑起來，也明白了簡雍的一番苦心。

俗話說「伴君如伴虎」，向皇上提建議是很危險的事情。一旦說得不妥，龍顏大怒，性命都難保。這需要很好地運用自己的智慧，即使是出於憂國憂民的好心，也要採用得當的方式。簡雍就做得很好，他沒有直言劉備的不對，而是以這樣荒誕滑稽的方式去提醒劉備，取得了非常好的效果。

在向上級提意見的時候，要注意自己的措辭。現在對上級提意見，雖然與古時候直諫皇上的風險不可同日而語，但是若處理不當，也會給自己以後的職場發展帶來麻煩。所以在向上級提意見的時候，即使你確定自己的意見可以給公司帶來極大的利益，也最好找到一個委婉的方式提出來，讓上級樂意接受你的意見，不至於因為你的太直白而下不了臺。上級也是普通人，他們也有自己的喜怒哀樂，所以提意見的時候要

特別注意時機。倘若你選擇了上級心情不好的時候，那就是撞「槍口上」了。在上級心情好的時候，提的意見更容易被接受。

另外，要特別注意語氣，最好能一直保持誠懇、認真的態度。只有先讓上級覺得你可靠了，他才會更認真地考慮你提的意見。

提意見的時候還要注意委婉，懂得怎樣去暗示自己想說的，不將話說得太直白，讓上級感到難堪。

這樣說「不」才管用

在生活中，我們總是會遇到周圍的人要求我們做某些事，而我們又因為許多原因不願或不能答應他們。這個時候該怎麼辦？勉強答應，必然給自己帶來許多麻煩；不答應，面子上又過不去。這個時候，你就要運用自己的智慧，巧妙地向對方說「不」。

1. 以幽默的方式表達拒絕

一位相貌美麗的女明星對大文豪蕭伯納說：「如果我們結婚，生下的孩子有你的頭腦、我的相貌，那該有多好啊！」

「不……」蕭伯納愁眉苦臉地說，「如果生下的孩子有我的相貌，你的頭腦，那該多糟糕！」

蕭伯納的機智慧使遭拒絕的人沒有或是少有難堪，在詼諧中讓對方知難而退，這正是我們應該學習的。

許多難以啟齒的話，在不得不說出來的時候，必須找到最佳的表達方法。否則，不但達不到目的，還會使友誼破裂。最好的方法就是以幽默的方式表達，不但效果好，也不傷感情。

2. 巧用類比，委婉說「不」

當上級提出一件你根本就做不到的事情時，如果你直言答覆自己做不了，可能會讓上級損失顏面。這時，你不妨說出一件與此類似的事情，讓上級自己意識到事情的難度，而後自動放棄這個要求。

甘羅的爺爺是秦國的大臣，有一天，甘羅看見爺爺在後花園走來走去，不停地唉聲嘆氣。

「爺爺，您碰到什麼難事了？」甘羅問。

「唉，孩子呀，大王不知聽了誰的挑唆，硬要吃公雞下的蛋。他命令滿朝文武官員想法去找，如果三天內找不到，大家就都要受罰。」

「秦王太不講理了。」甘羅氣呼呼地說。他眼睛一眨，想了個主意，說道：「不過，爺爺您別急，我有辦法，明天我替您上朝。」

第二天早上，甘羅真的替爺爺上朝了。他不慌不忙地走進宮殿，向秦王施禮。

秦王很不高興，說：「小娃娃到這裡搗什麼亂！你爺爺呢？」

甘羅說：「大王，我爺爺今天來不了，他正在家生孩子呢，託我替他上朝。」

秦王聽了哈哈大笑：「你這孩子，怎麼胡言亂語！男人家哪能生孩子？」

甘羅說：「既然大王知道男人不能生孩子，那公雞怎麼能下蛋呢？」

甘羅得體地指出了秦王所提要求的無理性，並使得秦王放棄了自己的無理要求。

3. 先退後進「巧」拒絕

剛開始先退一步，表示同意對方的看法，然後再針對對方所提出的問題，提出自己的不同看法。這種方法特別適用於拒絕權威人士的意見。

美國一家貿易公司的經理設計了一個商標，開會徵求各部門的意見。

經理解釋說：「這個商標主題是旭日，象徵希望和光明。同時，這個旭日很像日本的國旗圖案，日本人民見了一定會很高興，更願意購買我們的產品。」

營業主任和廣告主任聽了經理的解說之後極力恭維經理，說他的設計很獨到，可是代出口部主任出席的青年職員卻持有相反的意見，並直言不諱地說：「我不看好這個商標。」

所有人都瞪大眼睛看著他。

「怎麼？你不喜歡這個設計？」經理吃驚地問他。

「我倒不是不喜歡這個設計。」青年勇敢地回答，其實他的確有點討厭那紅圈圈，但是，他也明白和經理辯論審美是毫無意義的，所以他說：「我怕它太完美。」

經理笑了起來：「這話倒使我不能理解了，能給我一個理由嗎？」

「這個設計鮮明而生動，毫無疑問，因為與日本的國旗圖案相似，無論哪個日本人都會喜歡的。」

「是啊，我的意思正是如此。」經理高興地說。

「然而我們還有一個更重要的市場，那就是中國。中國人看到這個商標，也未必不會想到這是日本的國旗圖案，由於過去特殊的歷史，這個設計可能會引起中國人的厭惡情緒，換句話說，他們會因為不喜歡我們的商標而不願意買我們的產品。那麼，我們在中國不就無銷路嗎？我們公司的營業計畫是要擴大對華貿易，但如果真的採用了這個設計，結果可能會顧此而失彼。」

「天哪！我倒沒有想到這一層，你的話對極了！」經理幾乎叫了起來。

要拒絕權威人士的意見或者建議，必須要有充分的理由，要使他完全信服，當然也不能忽略了技巧的運用。如上例中那位青年用「我怕它太完美」一句話先平息了經理的不悅，再陳述自己更充分的理由，這樣經理就不會因此而覺得難堪。

記住：不要損傷了他人的自尊心，不要使他人感覺屈服或難堪。如果你真的沒有充分的理由和恰當的方法拒絕他，那就先緩一緩再說吧！

4. 顧左右而言他，含蓄拒絕

不直接就事論事，而是透過先說其他的事影射要說的事，間接巧妙地拒絕。這種拒絕的方法特別適用於有人為某事向你求情而你在原則上又不能答應的情況。

清代書畫家、文學家鄭板橋（鄭燮）在濰縣任知縣期間，查處了一個叫李卿的惡霸。李卿的父親李君是刑部的官員，得訊後急忙趕回濰縣為兒子求情。

李君以訪友的名義拜訪鄭板橋，鄭板橋知道李君的來意，故意不動聲色地看李君如何扯到正題。李君看到鄭板橋房中有文房四寶，於是向鄭板橋要來筆墨紙硯，提筆在紙上寫道：燮乃才子。

鄭板橋看了之後也提筆寫道：卿本佳人。李君一看心裡一亮：「鄭兄，此話當真？」

「一言既出，駟馬難追！」

「我這個『燮』字可是鄭兄大名，這個卿字……」

「當然是貴公子的寶號啦！」

李君心裡高興極了，忙道：「承蒙鄭兄關照，既然我子是佳人，那就請鄭兄手下留情。」

「李大人，你怎麼糊塗了？唐代李延壽不是說過『卿本佳人，奈何做賊』嗎？」

李君臉一紅，只好拱手作別。

鄭板橋巧妙地利用李卿的「卿」與「卿本佳人，奈何做賊」的「卿」字是同音同義的關係，委婉含蓄地拒絕了李君的求情，既堅持了原則，又不使對方太難堪。

5. 用名人名言、俗語或諺語來說「不」

在拒絕別人的時候，引用名人名言、俗語或諺語等來作答，以表明自己的意思，或佐證自己的觀點，既增加了說話的權威性與可信度，又省去了許多解釋和說明，還能增添口語的生動性與感染力。

漢光武帝劉秀的姐姐湖陽公主在丈夫死後，看中了朝中品貌兼優的宋弘。劉秀便召來宋弘，以言相探：「俗話說，人地位高了，就改換與自己結交的朋友；人富貴了，就換掉自己的妻子，這是人之常情嗎？」

宋弘答道：「我聽說『貧賤之知不可忘，糟糠之妻不下堂』。」

宋弘自然深知劉秀問話之意，應允的話，有悖自己的人品，也對不起與自己共患難的妻子；含糊其辭的話，可能會招來麻煩；直言相告的話，既不得體，又有犯龍顏。在這進退兩難之際，他引用古語來「表態」，委婉而又直截了當地表明了自己的態度。

批評的方法

每個人都有因受到批評而不開心的時候，很多人都有抗拒批評的心理。既然我們自己都不喜歡嚴厲、直白的批評，那麼在別人做錯事的時候，我們也應該考慮到別人的感受。

很多時候，當我們想要批評別人時，可以想一想，倘若自己處在對方的位置，是不是也不願聽到這樣的言語？如果答案是肯定的，那麼我們就要注意自己的表達方式，使別人更願意接受你的批評。

許廣平曾寫過一篇名為〈羅素的話〉的論文。在她把文章交給魯迅批閱時，魯迅寫了下面的評語：「擬給九十分，其中給你五分（抄工三分、末尾的幾句議論兩分），其餘的八十五分都給羅素。」暗示許廣平的論文裡面大多是羅素的原話，自己的論點不多。魯迅沒有明說，是讓許廣平能自己領會其中的意思，在日後的創作中好好改正。

在職場中當你的下級犯錯誤的時候，你會不會仗著自己的職位狠狠地訓斥他們呢？你能確保這樣的訓斥可以讓他們認識到自己的錯誤嗎？

如果不能，那你就得考慮將自己的批評方式變得委婉點。學會了委婉含蓄的批評方法後，在處理人際關係的時候你會更加遊刃有餘。

◆**暗示型批評**

所謂的暗示型批評是指不正面提出批評，而把批評的意思在談話的過程中暗示出來，讓被批評者自己去理解、接受。

◆**安慰型批評**

安慰型批評是指在批評對方的錯誤時，不忽略對方的成績和努力，讓犯錯者能感到安慰，不至於太傷心。

有一次，年輕的莫泊桑溫暖著自己新創作的詩歌去拜訪著名作家布耶和福樓拜，想從他們那裡得到一些有益的建議。兩位大師一邊聽莫泊桑朗讀詩作，一邊喝香檳酒。等他讀完後，布耶說：「你這首詩，句子中的意象過多，不易理解，像吃一塊牛蹄筋；不過我讀過更壞的詩，和它們相比，你的這首詩就像這杯香檳酒，勉強還能吞下。」這個批評雖嚴厲，但還是留有餘地，給了對方一些安慰。

◆模糊式批評

用模糊的言辭替代直截了當的批評就是模糊式批評。這種批評方式雖沒有指名，但實際上卻「道了姓」。

某公司職員的工作態度一度十分鬆懈，公司經理便召開職員大會進行「整頓」。他說：「最近這段時間，本公司職員工作態度大多數是好的，但也有少數人表現不佳，遲到、早退、上班閒聊的現象時常出現。」

這裡所使用的「大多數」、「也有少數人」都是模糊的語言。用這種方式，既顧及了職員的面子，又指出了存在的問題，是不指名的指名批評，效果自然比直接點名批評要好。

◆**幽默式批評**

幽默式批評，可以打破僵局，即使對方一時接受不了，也不傷和氣，更不至於讓對方難堪、丟臉。但是幽默式批評應該做到不低階庸俗，語言形象、生動，深入淺出。

◆**建議性批評**

從被批評者樂於接受的角度出發，並提出能夠令對方接受的建議，其結果將往往出乎意料。

迴避對方的話題

很多人對此可能會很疑惑，迴避怎麼能是與別人溝通的好方法呢？迴避，簡單地說就是不去正面回應。要知道有些無聊的人就是喜歡搬弄是非，以調侃揶揄別人為樂。你越把他當回事，他便越激動，甚至會把這當成一種表演。要是把這類人的表演欲望挑起來了，那麼他們就非常難對付了。所以在覺得一些問題很無聊的時候，乾脆不要去理會。對方擺出一副要和你決鬥到底的氣勢，而你淡淡地不做出回應，會讓對方自討沒趣。

當然，這只是簡單意義上的迴避。迴避還有更深層的意思，便是不去正面迎接挑戰，故意避開鋒芒，避開對方最尖利的部分，尋求別的突破口。

有個人十分小氣，全村的人都知道他喜歡占小便宜。有一年冬天，他買了一尺布，找裁縫去做帽子。那裁縫也對他的脾氣略知一二，幫他量了量腦袋，說：「好的，布夠了，你過幾天來拿便是了。」

這個人走出裁縫鋪的門後，心裡思索著：「布夠了？哼，這個裁縫肯定是騙人，他會把多出來的布再賣給別人，布肯定是有多的！」便轉回去問裁縫。

裁縫說：「是多了一點。」

於是這人又問：「多的布能不能再做一頂帽子？」

裁縫見他貪小便宜的毛病又犯了，笑著說：「當然可以啊！」

這個人高興地又走了，但沒走多久他又在想：「當然可以？恐怕還有多的，不然他怎麼這麼爽快呢！」越想越不對勁，就又轉回去問裁縫：「做三頂帽子夠不夠？」

裁縫見他這樣，便迎合著說道：「只要你願意，做十頂都可以！」他一聽，高興得不得了，問：「十頂帽子都能戴在頭上嗎？」

裁縫答道：「當然可以啊！」

這次這個人開開心心地回家去了。

一個星期過去了，這個人來到裁縫這裡取帽子，一看見帽子頓時說不出話來了。原來，那十頂帽子做得非常小。他很生氣，憤怒地質問裁縫：「你不是說十頂帽子都能戴在頭上嗎？這麼小，你叫我怎麼戴啊？」

裁縫應道：「怎麼不能戴了？戴在手指頭上不就是了！」

這個人聽了，火冒三丈，說：「你見過誰把帽子戴在手指頭上嗎？」裁縫又好氣又好笑：「一尺布要做十頂帽子，不戴在手指頭上，那你還想戴在哪裡啊？」

看完這個故事笑過之後，我們應該想一想，若我們是那個裁縫，應該怎麼做。也許有人會說，肯定在做之前就指出他的不對。但是面對這樣一個喜歡貪圖小便宜還疑神疑鬼的人，我們的勸解往往會招來對方更多的猜忌。所以不如學學故事裡的裁縫，迴避對方想要無理取鬧的話題，按照自己的想法去做，等到結果出來的時候，用事實讓對方清楚地看到問題所在，這樣豈不是更好？

第六章 好口才有大力量

口才是立足世界的武器

早在一九四〇年代，美國人就把「口才、金錢、原子彈」看成是在世界上生存和發展的三大法寶；到了一九六〇年代以後，又把「口才、金錢、電腦」看成是最有力的三大法寶。「口才」一直獨居三大法寶之首，足以看出會說話的作用和價值。

不論在哪裡，我們都會聽到有人這麼誇別人：「他這個人嘴巴可厲害了，能說會道的，很會辦事。」也有人時常這麼自嘲：「我這人就是嘴笨，見諒！」一個人的口才可以說是生存的基本技能之一。

以山姆．李文生為例，他不但是廣播、電視明星，還是在美國各地都很有影響力的演講者。他在紐約任中學教員時，就喜歡與親人、同事和學生就工作和生活中的一些事情發表意見，進行簡短的談話。沒想到，這些談話引起了聽眾熱烈的反響。不久，他受邀為許多團體演說。後來，他成了許多廣播節目裡的特約嘉賓。之後，山姆．李文生便改行到娛樂界發展，且成就非凡。

在古代歷史上，的確有很多能言善辯之士，憑著一張劍舌，活躍在當時的政治舞臺上。他們有的勸阻戰爭，化干戈為玉帛；有的怒斥奸佞，以正氣壓倒歪風；有的巧設比喻，以柔克剛，爭取盟友；有的反唇相譏，綿裡藏針，瓦解敵陣。

「蘇秦佩六國相印，張儀兩次相秦」，可以說是口才重要性很有力度的證明了。事業的成功和失敗，很多時候決定於某一次談話，這話絕不是過分誇張的。美國人類行為科學研究者湯姆士指出：「說話的能力是成名的捷徑。它能使人顯赫。能言善辯的人，往往使人尊敬，受人愛戴，得人擁護。它使一個人的才學充分拓展，熠熠生輝，事半功倍，業績卓著。」他甚至斷言：「發生在成功人物身上的奇蹟，一半是由口才創造的。」卡內基也說：「一個人的成功，很少取決於知識和技術，更多的是取決於溝通發表自己意見的能力和激發他人熱忱的能力。」

由此可見，一個人的說話能力，是獲得社會認同、上司賞識、下屬擁戴、同事喜歡、朋友幫助、戀人親密的重要條件。

聰明者總是習慣用語言來化解矛盾，解決難題；愚蠢者總是用拳頭來使矛盾激化，製造困難。要想征服一個人，乃至於征服一群人，用的通常不是刀劍，而是靈活的舌尖。

說話需要技巧、門道，從而達到讓他人心悅誠服、敬佩、愛慕有加的良好效果。而要得到這種效果，一定要掌握以下談話技巧：

◆簡潔明確

和人交談的第一要素就是要讓人聽得明白、透澈，讓他人清楚你要表達的主要意思。在語言的表達上，力求簡單明瞭，言簡意賅地表達自己的觀點或看法，切忌喋喋不休、囉囉唆唆。

◆有禮貌

用語禮貌是一種良好的生活習慣，在生活中能夠做到對人彬彬有禮的人一定很受歡迎，而且擁有良好說話習慣的人更容易成功。運用禮貌用語既是一條行為準則，也是提高辦事效率的重要法寶。特別是在與人溝通時，要正確地使用敬語，它是禮貌說話的表現之一。這些語言可以向別人表達感激的心情或歉意，溝通人與人的心靈，建立融洽的人際關係。

發揮口才的力量

義大利有句著名的諺語：「舌頭雖小，但可以毀掉一座城市。」就是在告訴我們舌頭雖然很小，但它的作用可是不容忽視的。中國古話裡說「三寸不爛之舌」，說得就很貼切。舌頭只是短短三寸，在人類器官中算不上大，然而就是這三寸之舌，卻能爆發出極大的力量。

可能許多屬於「行動派」的朋友會對此嗤之以鼻，他們認為只有實際行動才能給事情帶來實質性的變化，而所謂的口才、幽默，只是嚼嚼舌根，沒有什麼實際的作用，實在難登大雅之堂。要想發揮作用，還得靠實際行動才行。

在生活中，我們總會遇到種種麻煩，能否處理好這些麻煩，決定了我們的生活品質和人生價值。在處理這些麻煩時，是有技巧的。是聽之任之，抱怨命運不濟，還是不露聲色地將危險的苗頭滅掉？怎樣才能成為旁人眼中的能人，「敵人」心中的智者？

清朝名臣紀曉嵐在編纂《四庫全書》期間，一天，正值酷暑，他打著赤膊坐在桌前奮筆疾書。這時，乾隆皇帝突然駕到。古時有律例，臣民衣冠不整地見駕即為欺君，更何況紀曉嵐那副模樣！慌忙中，紀曉嵐鑽到了桌子底下。

不承想，乾隆皇帝早就看到了紀曉嵐，他向身旁的人揮手示意要他們不要說話，接著又坐到了紀曉嵐藏身的桌子旁。

過了許久，紀曉嵐感到憋得慌。此時，外面鴉雀無聲，又因桌布遮擋看不見外面的情況，更不知道皇上到底走了沒有，於是，紀曉嵐偷偷伸出一根中指掀起桌布，低聲問道：「老頭子走了嗎？」

乾隆皇帝聽後哭笑不得，只好假裝生氣地喝道：「放肆！誰在裡面？還不快給我滾出來！」

紀曉嵐沒轍，只好乖乖地爬了出來。

乾隆皇帝問道：「你為什麼叫我老頭子呢？解釋得有理的話便饒你不死，否則……你自己看著辦吧！」

紀曉嵐立即答道：「皇上是萬歲，理應稱『老』；再則尊為君王，舉國之首，萬民擁戴，自然是『頭』；所謂『子』者，即『天之驕子』也。故『老頭子』乃至尊之稱也。」

「那根中指又是什麼意思？」

「代表『君』，『天地君親師』的君。」紀曉嵐伸出左手，指著右手的中指說道，「從左邊數起，天地君親師，中指是君；從右邊數起，天地君親師，中指仍是君；因此中指代表君。」

乾隆皇帝聽後笑道：「愛卿機智可嘉，恕你無罪！」

當然，這樣的機智並不能從根本上解決你所遇到的問題。但是在問題初露端倪的時候，你巧妙地運用機智，則至少可以讓氣氛更緩和些，而緩和的氣氛又對解決問題有極大的好處。

我們所看到的諸多爭吵，用「一言不合」來形容最合適不過了，這「一言」彷彿澆在火上的油，讓雙方都失去了理智。如果能在恰當的時候巧妙地運用理智，便彷彿是澆了瓢水，能讓大家以冷靜的頭腦解決面臨的問題。

一位女士走進一家商店，氣沖沖地問道：「你們這些奸商，前幾天我花了好幾千從你們這裡買的這條黑狐皮圍巾，為什麼沾上了一點水就變色了呢？」

聽完顧客的抱怨，商店老闆慢慢說道：「這狐狸精還真是厲害，把它做成圍巾了，居然還能如此變化多端。」

顧客想著自己上當了，必然怒氣沖沖地跑來理論。如果老闆表現出蠻橫的態度，一場「惡鬥」不可避免。要想徹底解決好這個問題，恐怕還需要商店老闆和顧客真心誠意地坐下來協商，僅僅憑老闆的一句幽默話並不能解決他們之間的矛盾。但正是這句話讓顧客看到了老闆的詼諧和坦誠，沒有使他們在一開始就處於劍拔弩張的境地，使得他們能在一個更好的氛圍中來商討解決的事宜。

用舌頭代替拳頭

漢語語氣詞所表達的語氣是一個複雜系統，每個語氣詞可覆蓋一定語域的情態，多個語氣詞相互配合，就可以把各種錯綜複雜、豐富多彩的語氣表達出來。

一位猶太商人帶著五幅畫到美國去出售。有位美國畫商看中了這五幅名畫，便打定主意，不管怎樣也要把這五幅名畫弄到手。

猶太商人開價五百美元，少一分錢也不賣。這位美國畫商也不是商場上的平庸之輩，他一美元也不想多給猶太商人，便和猶太商人討價還價起來，雙方一時陷入了僵局。

忽然，猶太商人怒氣沖沖地拿起其中的一幅畫就往外走，二話不說就把那幅畫給燒掉了。美國畫商眼睜睜地看著一幅畫被燒掉，非常心痛。他小心翼翼地問猶太商人：「剩下的這四幅畫賣多少錢？」

想不到這次猶太商人要價的口氣更是強硬，宣告還是五百美元，少一分都不賣。

少了一幅畫，還要五百美元，美國畫商覺得這樣太虧了，便再次要求降低價格。但猶太商人不理會他這一套，又怒氣沖沖地燒掉了一幅畫。

美國畫商大驚失色，只好乞求猶太商人不要把最後三幅畫燒掉，因為他實在是太愛那些畫了。接著，他又問這最後三幅畫要多少錢，想不到，這次猶太商人張口就要八百美元，少一分也不賣。

這下子美國畫商可真急了，只好強忍著怒氣問猶太商人：「三幅畫的價格怎麼能比五幅畫的價格還要高呢？你這不是存心耍人嗎？」

猶太商人回答說：「你有沒有聽說過這個故事：有個藏郵家有兩枚稀世郵票，大概值二十五萬美元，後來他當眾毀掉一枚，馬上就有人出價一百萬美元買剩下的那一枚。」

看美國畫商不說話，這位猶太商人又接著說：「我這五幅畫都是好畫，本來有五幅的時候，相對來說，價格還可以低一點。如今，只剩下三幅，它們的價值已大大超過五幅畫都在的時候了。因此，現在我告訴你，如果你真想買這三幅畫，最少也得出價八百美元。」

美國畫商一臉苦相，卻沒有辦法，最後只好以此價格成交。

這個故事中的猶太商人雖說有點「奇貨可居」，但是他巧妙地利用語氣較強的詞語，還將原有的五幅畫燒得只剩下三幅，來說服美國畫商以將近原價兩倍的價格買下三幅畫。可以看出，運用語氣較強的詞語，可以表現出說話人的力量，讓人不得不屈服。像這些能用舌頭解決的問題，又何必動拳頭呢？

借別人的「詞」來達到你的「笑」果

在生活裡，借用別人的「詞」來達到一定的「笑」果，用處多著呢！有時候，你會遇到蠻不講理的人，他們會有意提出毫無道理的問題來刁難你，讓你哭笑不得。不論你答與不答，都已經陷入了尷尬的境地。這時候，就要以幽默為武器予以還擊，將尷尬回敬給對方。

加拿大前外交官切斯特．朗寧一八九四年出生於中國湖北。一九二三年切斯特．朗寧競選省議員時，反對派大肆宣傳他是「喝中國人的奶長大的，身上一定有中國的血統」。切斯特．朗寧以其人之道還治其人之身，幽默地反擊道：「你們是喝著牛奶長大的，身上一定有牛的血統。」

這樣的妙語幽默風趣，既是笑話又非笑話，有禮有節，讓對方知道推斷的錯誤。

學會給對方「留面子」

「人活一張臉，樹活一層皮。」每個人都有自尊心，都不願在別人面前「丟面子」，所以我們想要說服別人，就要掌握好分寸，避免與對方發生直接衝突，讓對方感覺「沒面子」，給說服留餘地，不要把話說絕。

小亮是一名十四歲的國中生，自從家裡買了電腦之後，他便迷上了網路遊戲，經常玩到連飯都顧不上吃，更不要說好好做功課了。不久，他的成績也從班級的前三名逐漸下降到了十名之後。

面對這些變化，小亮的爸爸非常生氣，每次見到兒子都會數落一通。在親戚朋友面前，小亮爸爸也是毫不留情地將小亮批評得「體無完膚」，久而久之，小亮完全地將自己封閉在網路當中了，因為他覺得只有在網路世界中他才能避開父親的謾罵與批評，得到他人的尊重與讚賞。

後來，小亮的父母諮詢了一位心理師，心理師告訴他們，父母當眾指出孩子的過失，孩子會感覺無地自容，進而對家長和自己都感到失望。孩子會認為自己的人格和能力已經被「一棒子打死」，也就沒有必要去做什麼補救措施了，所以在往後的日子當中非但不會尋求進步，反而會將錯就錯，甚至將錯誤的做法繼續放大。因此，為了達到良好的教育效果，避免孩子的反向心理，家長應當將孩子當成一個獨立的個體來看，在積極教育的同時也要照顧到孩子的自尊心，多給孩子「留面子」。

在這之後，小亮爸爸經常和小亮聊天，並試著和孩子討論迷戀網路遊戲的害處，小亮爸爸還會有意地對小亮說：「在爸爸心裡，你一直都是最棒的，我和媽媽都相信你一定會懂得這個道理的，我們依然深愛著你！」

當小亮明白父母對自己強烈而深沉的愛時，一種羞愧之感油然而生。兩個月之後，他的網癮成功戒除了。

孩子也是非常注重「面子」的，如果家長總是把孩子當成「不懂事的小孩」，總是不給孩子「留面子」，這樣很容易會造成孩子的反抗心理。因此，家長應當給孩子留出適當的空間，孩子犯錯後，家長應當像對待成年人一樣和孩子交流，說一些委婉的話，給孩子一個「臺階」下，這樣，孩子從潛意識裡會覺得自己已經是和父母「平等」的大人，自然會用更高的標準來要求自己。

「留面子」代表對他人的一種尊重，當對方對你的想法提出異議或者說出一些比較刺耳的話語時，你首先要讓自己冷靜，無論對方是對是錯，你都不能表現出傲慢與輕視的態度，比如直指對方的問題，比如語氣生硬地說「你錯了」、「是你的想法有問題」、「你沒聽明白我說的意思，我是說……」，這些說法明顯地抬高了自己，貶低了對方，會挫傷對方的自尊心。對方一旦產生排斥心理，感覺到面子受到威脅，通常會拒絕與你繼續討論。他可能會努力轉移討論的話題，以避免受到這樣的威脅。就算你說的話再有道理，對方也會聽不進去，這樣一來，你的說服也就進行不下去了。

所以面對異議，最好的辦法是無論對方表現出怎樣的態度，都先順從對方的說法，可以說「嗯，你說的確實有幾分道理，但我還想補充一些……」或者「我想也是，只是如果換個角度來看的話，可能會大不相同……」一類的話，這樣才有可能在說話中「扭虧為盈」。

當然，每個人對自己面子的關心程度不一樣，所以，很有必要事先了解對方對面子的關心程度。

第七章

無往不利的說話策略

借力用力，硬話軟說

太極與其他武術的踢、打、摔、拿、跌、擊、劈、刺等特點不同，講究的是中正安舒、輕靈圓活、鬆柔慢勻、開合有序，注重以柔克剛，剛柔相濟。很多人也許不會想到太極和口才會有關係。很多人喜歡在一言不合的時候把硬邦邦的拳頭伸出去，結果往往是兩敗俱傷，殊不知在這種時候，用看似柔軟的舌頭，講出適宜的言語，反而會有更好的效果。這就展現了太極「以柔克剛」的奧義。

借力用力也是太極的一大特點。俗話說「山頭的小草比樹高」，就是這個道理。在平時與他人的交談中，我們就應該運用好「借力用力」這一方法。任何話語都不要輕易脫口而出，先聽聽別人說什麼，然後在別人所說的話的基礎上，加上自己的言論，這樣往往能讓自己的話更有說服力。

凱莉依仗自己的權勢素來目中無人，尤其喜歡刁難和嘲笑他人。

一日，她對同事邁克說：「先生，您知道世界上最鋒利的是什麼嗎？」

「不知道。」

「就是您的鬍子呀！」

邁克摸摸鬍子，知道對方又在嘲笑自己了，不過他假裝不知道，繼續問道：「為什麼？」

「因為我發現您的臉皮已經夠厚了，而它們居然還能破皮而出。」

邁克聽完，不僅沒有生氣，還笑著反問道：「小姐，那妳知道妳為什麼不長鬍子？」凱莉自然不知道，她還沉浸在自己的得意當中。

「因為妳臉皮更厚，連尖銳、鋒利的鬍子都無法鑽破。」邁克巧妙地接過凱莉的話，讓自己的話更有「殺傷力」。

凱莉被自己的話傷到，雖氣憤異常卻無從反駁。

牛頓曾說過：「如果說我看得比別人更遠些，那是因為我站在巨人的肩膀上。」這句話完全可以改成「如果說我說的話比對方更有力，那是因為我站在對方的肩膀上」。如果你也能經常「硬話軟說」或是「借話回話」，相信你的言語一定更加出彩！

沉默是一種智慧

慷慨激昂地高談闊論，固然能夠從氣勢上壓倒對方，但是，如果對方也氣勢洶洶、咄咄逼人呢？場面就難免會陷入尷尬，那麼如何緩解這種尷尬的場面，就需要我們用點智慧了。

有過談判經驗的人一定對談判桌上那種針鋒相對的氣氛印象深刻。在利益上的你爭我奪，是很直接的競爭關係，所以誰也不敢馬虎。但是有沒有人想過在談判桌上的沉默也能帶來意外的收穫？

第一次世界大戰後，土耳其靠自己的力量打敗了甘願當英國附庸的希臘，走上了獨立的道路。英國為鞏固自己的勢力範圍，準備嚴懲土耳其。於是，英方集結了法、美、義、日、俄、希臘等國的各派代表，與土耳其代表在洛桑談判，企圖脅迫土耳其簽訂不平等條約。

英國的代表是外交大臣寇松，寇松身材魁梧，聲如洪鐘，是名震世界的外交家；而土耳其的代表伊諾努，不僅身材矮小，耳朵還有些背，別說在國際上無人知曉，他在國內都默默無聞。

寇松非常輕視伊諾努，在談判桌上態度十分傲慢、囂張，英國的其他代表也盛氣凌人，但是伊諾努態度從容、氣定神閒、毫無懼色。特別是他的耳背發揮了特殊的作用：對土耳其有利的發言，他全聽到了；不利的話，他全當沒聽到。

當伊諾努提出維護土耳其權利的條件時，寇松大發雷霆、揮拳吼叫、咆哮如雷，甚至不斷恫嚇、威脅伊諾努。各國代表也氣勢洶洶地圍著伊諾努，但伊諾努卻什麼話也不說。一直等寇松等人聲嘶力竭地叫嚷完了，他才不慌不忙地將身子轉向寇松，十分溫和地說：「你剛才說什麼？我還沒聽明白呢。」氣得寇松等人直翻白眼，半天說不出話來。

伊諾努巧妙地利用適時沉默的技巧，不與各國代表正面交鋒，也沒有言辭犀利的辯詞，而是恰到好處地用沉默大用心理戰，三個月後，土耳其終於在談判桌上取得了勝利。

在商業洽談中，這樣的方法同樣奏效。

有一次，三名日本航空公司的代表前去美國與某服務公司的人員洽談合作事宜。美方人員顯然做足了功課，他們已經仔細地研究過了日本公司的數據，早就想在談判桌上大顯身手。

在談判之初，美方人員就滔滔不絕地說了起來。他們從兩公司的歷史說起，一直說到合作的經歷，最後終於說到要是兩公司能合作，他們一定會給日本公司帶來極大的效益，所以對方應該繼續壓縮報價。在滔滔不絕地說了一小時後，他們滿意地坐了下來，心想這樣的攻勢日本人肯定招抵不上，於是邊笑邊看著這幾個還未發一言的日本人。

幾個日本商人卻繼續呆坐在那裡。

然後，美方代表得意地問道：「我們說完了，你們有什麼看法？」

「很抱歉，我們沒有聽懂。」日本人略帶抱歉且禮貌地回答道。

美方代表心裡一驚，不安地問道：「你們什麼意思？哪裡沒聽懂？我們可以再解釋一下。」

「你們講的全部。」日本人保持著他們彬彬有禮的態度，「要是不介意的話，你們再全部重講一遍吧。」

美方代表頓時心灰意冷，沒想到己方滔滔不絕輪番上陣的精采講解，對方竟一句沒聽懂，頓時信心和耐心全沒了，誰也沒有從頭再說的熱情和自信了。最後，美方代表接受了日方的報價，結束了談判。

由此看來，在談判中，適時的沉默是一種軟性策略，不動聲色、大智若愚、伺機而動，也能克敵致勝。

「冷熱水」效應

我們來做一個實驗，將一杯溫水、一杯冷水和一杯熱水放在同一桌面上。首先，將你的手放在冷水中，然後再放到溫水中，你一定會感到溫水很熱。之後，你重新開始實驗，先將手放在熱水中，取出後再放到溫水中，這時手會覺得溫水的溫度降低，甚至有點涼。同一杯溫度未變的溫水，由於手放入之前接觸到的水的溫度不同，從而出現了兩種不同的感覺，這就是「冷熱水效應」。

這種現象的出現，是由於人人心裡都有一桿秤，只不過秤砣並不一致，也不固定。人們心中的秤砣會隨著心理的變化而變化。當秤砣變小時，這桿秤秤出的物體重量就大；當秤砣變大時，這桿秤秤出的物體重量就小。人們對事物的感知，也會受這種「秤砣效應」的影響。所以，我們可以運用這種效應，讓自己在與他人的相處中更加自然得體。

1.運用「冷熱水效應」獲得對方好評

我們都知道，人在事業上難免會遭遇滑鐵盧，難免會有不小心傷害他人的時候，難免會有需要對他人進行批評指責的時候，如果在這些事情上處理不當，就會損害自己在他人心目中的形象。如果巧妙地運用「冷熱水效應」，不但能夠避免這種狀況的出現，而且會獲得他人的好評。

當事業上遭遇滑鐵盧的時候，不妨把可能出現的最糟糕的事態預先告知與你合作的人，這樣就算真的到了最糟糕的境地，也已經讓共事的人有了心理準備，如此一來，大家就能共同面對，一起走出事業的谷底；當不小心傷害了他人的時候，不妨多道歉幾次，這樣不但可以顯示出你的誠意，而且很可能化干戈為玉帛；當要批評他人時，不妨事先說明事情原委，這樣更容易令他人接受，使對方體會到你的用心良苦。

這些運用「冷熱水效應」的做法，實質上就是先透過一兩處「伏筆」，使對方心中的「秤砣」變小，如此一來，對方心中的那桿秤秤出的重量也就變大了。

2. 運用「冷熱水效應」使對方同意自己的觀點

魯迅說：「如果有人提議在房子牆壁上開個窗口，勢必會遭到眾人的反對，窗口肯定開不成。可是如果提議把房頂扒掉，眾人則會相應退讓，同意開個窗口。」這句精闢的論述，談的正是運用「冷熱水效應」使對方同意自己的觀點。

「冷熱水效應」可以用來勸說他人，如果你想讓對方接受「一盆溫水」，為了避免對方拒絕，不妨先讓他試試「冷水」的滋味，再將「溫水」端上，如此一來，他就能欣然接受了。

在人際交往中，只有使他人心中的「秤砣」變小，「冷熱水效應」才能發揮好的作用；如果使對方心中的「秤砣」變大，就會出現副作用了。人與人交往，應盡量避免這些副作用的出現。

最後說一句，一個人只有保持心中的「秤砣」前後一致，才能正確地評價自身和外在的事物。

學會轉移話題

在與別人談話的過程中，把握話題是十分重要的。比如和某人初次見面時，為了避免冷場，你需要找到大家都感興趣的話題。如果別人糾纏於你不喜歡的話題，你要知道如何巧妙地把話題轉開，避免自己陷入尷尬的境地。其實轉移話題的技巧很多，比如你可以「節外生枝」。

談話的話題總有一個中心，如果你想把話題轉開，只要避開這個中心即可。比如別人和你聊你不喜歡的籃球，你可以轉到同是球類運動的足球或排球上；如果對方硬拉著你聊美容，你可以轉到健康上……總之在你做跨度不大的轉移時，更容易成功。你的過渡和移花接木的手法要自然而巧妙得讓人無法察覺，然後你面臨的問題就會迎刃而解。

除了「節外生枝」外，還可以「先聲奪人」。在別人的話題還沒有完全展開之前，你便把自己想說的話題插進去，讓對方跟著你的思路走。這樣一來可以充分宣示你的主動權，讓你對話題時刻都有掌控力。

還有一種方法是「裝瘋賣傻」。如果別人一直在說你不喜歡的話題，你可以裝作聽不懂，讓對方覺得你無法參與進去。時間一長，他自己也會覺得無趣，這樣你再開始新的話題就變得容易多了。

當然，轉移話題的時候要注意的問題還有許多。你不能轉移得太生硬、太直接，不然別人會覺得你太過自我，所以轉移話題時一定要做到自然而然。要在別人不知不覺中將話題轉移，這樣你才能在別人不反感的情況下展示自己的口才。

李白是唐朝著名詩人，當時有位宰相叫楊國忠，十分嫉妒李白的才華，總是想方設法地找機會刁難他。

有一天，楊國忠忽然想出一個辦法刁難李白，他叫用人去請李白，說是要對三步詩。所謂三步詩是指在三步之內作出一首詩，其難度可想而知。可楊國忠的計謀不止如此，他還提前想好了上聯，就等著李白出醜了。

李白應邀而來，一隻腳剛踏進門，楊國忠便出題道：「兩猿截木山中，問猴兒如何對鋸？」這裡的「鋸」和「句」是諧音，表面上說鋸木頭，其實是說對詩，而猴兒，當然是指李白。

李白自然明白他的用意，微微一笑，從容地說道：「宰相起步，三步內對不上，算我輸。」

楊國忠覺得李白已經中計了，心中暗喜，便想趕緊走完三步。不想第一步剛跨出來，李白便指著他喊道：「匹馬陷身泥裡，看畜生怎樣出蹄？」這裡「蹄」諧「題」，不僅暗諷楊國忠「出蹄」，「畜生」一詞更是直指楊國忠，與上聯對得可謂天衣無縫。

楊國忠本想好好羞辱李白一番，卻不想被李白嘲諷得顏面盡失。

其實李白早就看出了他的用意，他只是假裝中計，然後在對方得意時一擊致勝。

這個計策，講究的是不動聲色，明知對方惡意刁難，卻不直接點破，讓對方以為自己的計謀已經成功了，然後在對方得意忘形地大肆發難之際，給他「致命一擊」，將話題轉移到對方身上。

言有盡而意無窮

話中有話是指在一定的語境中，說話者另有所指。遇到不便直言或不能直言的情況，不妨採用這種方式，沒準會產生意想不到的效果。

馬克．吐溫就是善用這種方法的高手。他不僅以文章善於諷刺、充滿諧趣而著稱，在現實生活中，亦言語犀利。

有一個為富不仁的富翁，他的左眼因意外失去視物能力，無法復明。後來，他花了大把的鈔票，裝了一隻假眼。這隻假眼做得維妙維肖，宛如真的眼睛。

這個富翁得意極了，逢人便問：「請你猜一猜，我的眼睛哪一隻是假的？」每當回答者猜錯了，他便更加得意。當然，大部分人是曲意逢迎：「閣下真是財大命好，連假眼也做得跟真眼一樣。」每當聽到這種話，富翁就會得意忘形。

有一回，他遇到了馬克．吐溫，為了炫耀自己的假眼，他又提出了那個猜一猜的老問題：「請你猜一猜，我的眼睛哪一隻是假的？」

馬克．吐溫毫不猶豫，立刻指著富翁的左眼說：「這隻眼睛是假的。」富翁不解地問道：「你怎麼知道的？」

馬克．吐溫回答道：「因為從你的左眼中，我看到還有一絲慈悲。」

馬克．吐溫的言外之意想必大家都能明白。透過這種方法，既諷刺了為富不仁的富翁，也沒有讓自己陷入尷尬的境地。

有一位英國伯爵，因為騎馬時不小心，手受了點輕傷，擦破了點皮，有一些輕微的疼痛。伯爵自認地位高貴，硬是要全城最好的醫生威廉來給自己治病。

威廉見到這位自鳴得意的「病人」後，十分仔細地給他做了檢查。看到這位全城最好的醫生如此認真，伯爵不免有些得意。

突然，威廉醫生大聲對著伯爵的僕人喊道：「快，快去藥房取藥，一定要快啊。」

這下可把伯爵嚇得不輕，心想不會真的有什麼大問題吧，他臉色蒼白地問威廉醫生：「怎麼了，我的傷口是不是很危險？不會有大問題吧？」

「是的，」威廉醫生表情嚴肅、語調急促地說道，「如果您的僕人不盡快取來藥的話，那麼我擔心……」

「將會發生什麼意外？」伯爵連大氣都不敢出。

「我擔心，在他回來之前，您的傷口已經癒合了。」

這個故事實在好笑，伯爵的尷尬可想而知。生活中我們也常常遇到這樣的「病人」，一點小事恨不得搞得滿城風雨，遇見這類人，不妨也學學這位醫生，面對如此自命不凡的「病人」時，把自己真正的想法和態度隱藏在將要說的話裡。

第八章
辯論的藝術

以謬制謬

其實在辯論中，取勝的最好法寶是：以其人之道，還治其人之身。

從前有個吝嗇的富人，僱了三個小孩當長工。一年冬天，大雪紛飛，孩子們要求富人給點柴火，用來生火取暖。

但是，狠心的富人說：「怕什麼冷？俗話說『小孩屁股三把火』，哪裡需要取暖？」硬是讓孩子們睡涼蓆。

有一天，富人家來了客人，富人便吩咐孩子們去燒開水，可是等了老半天，還不見開水燒出來。富人急忙到廚房一看，只見地上放著一壺涼水，而孩子們正屁股對著水壺，坐著聊天呢！富人看了勃然大怒，大聲喝道：「你們在搞什麼名堂？」

「燒開水呢！」

富人聽完，更是火冒三丈：「你們連火都不點，怎麼燒開水？」

其中一個小孩不慌不忙地答道：「老爺，您不是說過嗎？小孩屁股三把火，我們三人共有九把火，怎麼會燒不開呢？」富人又氣又惱，但又不好發作。

孩子們巧妙地引用了富人說過的話，讓富人無可奈何。

在與他人辯論時，要懂得洞察對方的論點，看其論點是否真實，其論據是否能支持論點，推理過程是否符合邏輯，如果這些都是否定的，我們就可以把對方的荒謬論點誇大，使其暴露得更為明顯，以達到反駁的目的。下面我們看這樣一個例項：

一個年輕人想去發明家愛迪生的實驗室工作。愛迪生問他有什麼志向，年輕人滿懷信心地說：「我想發明一種萬能溶液，它可以溶解一切物品。」

愛迪生聽罷，驚奇地問：「那麼你想用什麼器皿放置這種萬能溶液呢？」

年輕人面紅耳赤，啞口無言。

愛迪生從「溶解一切物品」這個概念出發，引出並指明其自相矛盾之處，從而輕而易舉地駁倒了年輕人的觀點。

據理力爭

我們先來看一個記錄在《戰國策》中的故事：

秦王使人謂安陵君曰：「寡人欲以五百里之地易安陵，安陵君其許寡人！」安陵君曰：「大王加惠，以大易小，甚善；雖然，受地於先王，願終守之，弗敢易！」秦王不說。安陵君因使唐雎使於秦。

（秦王派人對安陵君說：「我想用五百里的土地交換安陵，安陵君您可以答應我吧！」安陵君回答說：「大王給予厚愛，用大的土地換取小的土地，確實是好事；不過，我是從先王那裡繼承了這片土地，願意繼續守護，不敢輕易交換。」秦王因此不高興。於是安陵君派遣唐雎出使秦國。）

秦王謂唐雎曰：「寡人以五百里之地易安陵，安陵君不聽寡人，何也？且秦滅韓亡魏，而君以五十里之地存者，以君為長者，故不錯意也。今吾以十倍之地，請廣於君，而君逆寡人者，輕寡人與？」唐雎對曰：「否，非若是也。安陵君受地於先王而守之，雖千里不敢易也，豈直五百里哉？」

（秦王對唐雎說：「我用五百里的土地換安陵君的土地，安陵君卻不答應我，為什麼呢？況且秦國已經滅掉了韓國和魏國，而安陵君只憑著五十里的小地方還能生存，我是因為看重他是有德行的人，所以沒有勉強他。現在我願意用十倍的土地來賜給他，而他卻拒絕我，難道是輕視我嗎？」唐雎回答說：「不是這樣的。安陵君從先王那裡繼承了這片土地，世代守護，哪怕是千里的土地，也不敢隨便交換，又怎麼會輕易用五百里的土地來換呢？」）

秦王怫然怒，謂唐雎曰：「公亦嘗聞天子之怒乎？」唐雎對曰：「臣未嘗聞也。」秦王曰：「天子之怒，伏屍百萬，流血千里。」唐雎曰：「大王嘗聞布衣之怒乎？」秦王曰：「布衣之怒，亦免冠徒跣，以頭搶地耳。」唐雎曰：「此庸夫之怒也，非士之怒也。夫專諸之刺王僚也，彗星襲月；聶政之刺韓傀也，白虹貫日；要離之刺慶忌也，蒼鷹擊於殿上。此三子者，皆布衣之士也，懷怒未發，休祲降於天，與臣而將四矣。若士必怒，伏屍二人，流血五步，天下縞素，今日是也。」挺劍而起。

（秦王聽了非常生氣，對唐雎說：「你聽說過天子的憤怒嗎？」唐雎回答：「臣未曾聽說過。」秦王說：「天子的憤怒，會使百萬士兵喪命，血流千里。」唐雎說：「大王可曾聽說過平民的憤怒嗎？」秦王說：「平民的憤怒，也不過是脫帽赤腳，用頭撞地罷了。」唐雎說：「那是庸人的憤怒，並不是士人的憤怒。像專諸刺殺王僚，彗星遮掩月亮；聶政刺殺韓傀，白虹貫日；要離刺殺慶忌，蒼鷹從殿上猛擊下來。這三人都是布衣之士，但他們心中的憤怒還未發作時，就已經有災異降臨天上。如果像我們這樣的人真的發怒了，兩個人必定倒下，血流五步，天下將披麻戴孝，而今天正是如此。」說完，他拔劍而起。）

秦王色撓，長跪而謝之曰：「先生坐！何至於此！寡人諭矣：夫韓、魏滅亡，而安陵以五十里之地存者，徒以有先生也。」

（秦王臉色大變，趕緊跪下道歉說：「先生請坐！何必如此激動！我明白了：韓國、魏國滅亡，而安陵能以五十里的土地存留至今，全是因為有先生啊。」）

在這一過程中，唐雎針對秦始皇的貪得無厭，臨危不懼、據理力爭，甚至以死相搏，終於使秦始皇心虛膽顫而作罷。憑藉勇氣，提升氣勢，步步逼近，是針鋒相對的基本要點，掌握了此法，在辯論中才能體會到「魔高一尺，道高一丈」的真正含義。

在面對他人的咄咄逼人時，不要一味地妥協退讓，而是應該據理力爭，然後再在氣勢上壓倒對方，這樣一來，優勢自然就落到了你這一方。

聲東擊西

聲東擊西的辯論，就是透過曲折隱晦的語言形式，把自己的思想、意見向對方暗示。這種語言表達方式既可達到批評的目的，又可避免難堪的場面。清朝著名才子紀曉嵐不僅才華橫溢，而且口才極佳，數次在乾隆皇帝面前把要「掉」的腦袋保住了。

有一回，乾隆皇帝想開個玩笑以考驗紀曉嵐的辯才，便問紀曉嵐：「紀愛卿，『忠孝』二字當做何解釋？」

紀曉嵐答道：「君要臣死，臣不得不死，是為忠；父要子亡，子不得不亡，是為孝。」

乾隆皇帝立刻說：「那好，朕要你現在就去死。」

「臣領旨！」

「你打算怎麼個死法？」

「跳河。」

「好吧！」乾隆皇帝當然知道紀曉嵐不可能去死，於是靜觀其變。

不一會兒，紀曉嵐回到乾隆皇帝跟前，乾隆皇帝笑道：「紀愛卿何以未死？」

「我碰到屈原了，他不讓我死。」紀曉嵐回答。

「此話怎講？」

「我走到河邊，正要往下跳時，屈原從水裡向我走來，他說：『紀曉嵐，你此舉大錯矣！想當年楚王昏庸，我才不得不死，可是當今皇上如此聖明，你為什麼要死呢？你應該回去先問問皇上是不是昏君，如果皇上說他跟當年的楚王一樣是個昏君，你再死也不遲啊！』」

乾隆皇帝聽後，放聲大笑，連聲稱讚道：「好一個如簧之舌，真不愧為雄辯之才啊。」

這裡，乾隆皇帝是根據紀曉嵐提出的「君要臣死，臣不得不死，是為忠」之論叫他去死。此令順理成章，紀曉嵐無論如何狡辯，皆無道理，只有迂迴出擊，方能主動創造契機。於是紀曉嵐發出了「如果皇帝承認自己是昏君，他就去死」的言論。而乾隆皇帝當然不會承認自己是昏君，所以，紀曉嵐很自然地就讓自己免於「赴死」了。

紀曉嵐巧用「迂迴出擊」的技巧，在毫不損害乾隆皇帝顏面的情況下，既拍了皇帝的馬屁，又點出他的無理之處，還找到了一個自己不應該死的充分理由。

對於一些不能得罪的人提出的難題，不要急於做正面的反擊。可以採用迂迴的策略，盡量避開對手的優勢，抓住對方的漏洞，進攻其薄弱環節，然後不動聲色地予以反擊，從而克敵致勝。

戰國時，魯班替楚國監造雲梯，並準備用它來進攻宋國。

墨子聽到這個消息後，就從齊國動身，走了十天十夜，來到楚國的郢都見魯班，並勸他不要為楚國造雲梯去攻打宋國。魯班問：「先生有什麼指教？」

墨子故意說：「現在北方有人想侮辱我，我想借您的力量殺了他，事成之後，我送您一千兩黃金。」

魯班很不高興地斷然拒絕道：「我是講仁義的人，不能隨便殺人。」墨子見魯班口稱「仁義」，立即借題發揮，慷慨激昂地說：「請允許我向您進言。我在北方聽說您造了雲梯，要去攻打宋國。宋國有什麼罪呢？楚國本來就是土地多、人民少，卻拚命在戰爭中葬送自己本來就不足的人民，以爭奪更多的土地，這不是很不明智嗎？宋國沒有罪卻要去攻打它，不能算仁愛；懂得這個道理，卻不身體力行地以理抗爭，不能算忠臣；抗爭不達到目的，不能算堅強；殺一個人認為是不義，卻去殺多數人，不能算會類推事理。」

魯班被說得啞口無言，只好承認自己為楚國造雲梯去攻打宋國是錯誤的。

聲東擊西是辯論中常用的一種技巧。明說東、暗指西，「聲東」是假象，意在隱藏真實的意圖，「擊西」則是目的，最後全力出擊。

墨子先以請求魯班助殺北人的話來「聲東」，誘使魯班亮出「我是講仁義的人，不能隨便殺人」的觀點。這既為墨子的下文蓄勢，也為墨子的「擊西」提供了所需要的大前提，墨子立即抓住話機，以魯班造雲梯以備攻宋的鐵的事實和此舉一不智、二不仁、三不忠、四不義的雄辯分析，向魯班連番責難。這段「擊西」字字千鈞，句句透闢，魯班欲辯無詞，除了認錯，別無他路。

就坡下驢

「就坡下驢」是一種辯論技巧的具體比喻。當對方的觀點對你有利時，不妨先承認他的說法，然後在他的觀點上新增一些你獨有的東西，一招勝敵，就如同「借梯登高」一樣。

在美國內戰之後的一次競選中，參加過內戰的一名戰士約翰・愛倫與內戰中的英雄陶克將軍同時參選國會議員。從地位和功勳來說，約翰・愛倫顯然處於劣勢，然而經過一次競選演講後，約翰・愛倫以絕對優勢取得了勝利，下面讓我們看看他們是如何競演的。

功勳卓著並曾三次被選為國會議員的陶克將軍在競選演講時說：「諸位同胞，記得在十幾年前的一個晚上，我曾帶兵在茶座山與敵人激戰，浴血奮戰之後，我在山上的樹林裡睡了一個晚上。如果大家沒有忘記那次艱苦卓絕的戰鬥，就請在選舉時不要忘記那個風餐露宿而屢建戰功的人。」

陶克將軍想透過列舉自己的戰績，喚起選民們對他的信任。他的話果然引起了民眾的陣陣掌聲和歡呼。

輪到約翰．愛倫演講了，他說：「諸位，陶克將軍說得沒錯，他確實在那次戰爭中立了功，我當時就是他手下的一名無名小卒，和他一樣出生入死，衝鋒陷陣。這還不算，當他在樹林中安睡時，我攜帶著武器，站在荒野上，忍受著寒風雨露來保護他。」

他的話音一落，民眾中立刻響起更為熱烈的掌聲。論功績，約翰．愛倫當然比不過陶克將軍，但他巧妙地避開這些話題，只就在山上露宿保衛將軍這一點來講，著意使民眾明白：將軍雖然辛苦，畢竟還可以在樹林中安睡，但戰士還要站崗保衛他。

這就是約翰．愛倫取得選民同情的原因，最終民眾選擇了他。

運用「就坡下驢」的方式，首先要認同對方觀點，順應對方的邏輯進行推導，並在推導中根據我方需要，設定某些符合情理的障礙，從而增加勝算。

日本有個聰明絕頂的小和尚一休。有一次，大將軍足利義滿把自己最喜愛的一個龍目茶碗暫時寄放在安國寺，沒想到被一休不小心打碎了。恰在這時，足利義滿派人來取龍目茶碗。

大家頓時大驚失色，不知所措，茶碗已被一休打碎，拿什麼去還呢？一休道：「不必擔心，我去見大將軍，讓我來應付他吧！」

一休對將軍說：「有生命的東西到最後一定會死，對不對？」足利義滿回答：「是。」

一休又說道：「世界上一切有形的東西，最後都會破碎消失，是不是？」足利義滿回答：「是。」

一休接著說：「這種破碎消失，誰也無法阻止是不是？」足利義滿還是回答：「是。」

一休和尚聽了足利義滿的回答，露出一副很無辜的神情接著說：「義滿大人，您最心愛的龍目茶碗破碎了，我們無法阻止，請您原諒。」

足利義滿已經連著回答了幾個「是」字，所以他也知道此事不宜再嚴加追究了。一休和尚和安國寺便這樣安然地度過了這一難關。

在辯論中，開頭切勿涉及有爭議的觀點，而應順應對方的思路強調彼此有共同語言的話題，然後從對方的角度提出問題，誘使對方承認你的立場，然後順著對方的話將自己的觀點表達出來。

攻心話術

古人云：「心戰為上，兵戰為下。」意思是「攻心」才是真正的上策。辯論猶如用兵，辯論中的「攻心」就是揣度對方心理，注意辯論對策的合理性和合意性，然後根據對方的心理變化，不斷變換語言攻勢，逐漸瓦解對方的鬥志。

第二次世界大戰期間，邱吉爾於聖誕節前去了美國，希望說服美國和英國結盟，立即對德宣戰，以扭轉英國所面臨的危機。可是當時不少美國人對英國人不抱好感，所以多數人反對介入對德戰爭，這無疑給邱吉爾的說服工作增加了難度。

但邱吉爾不愧是著名的演說家，他在進行說服工作時十分擅長運用攻心技巧，用情感來打動美國人，化解了他們與英國對立的情緒，使他們轉變態度，從而支持政府援助英國，參加對德作戰。

邱吉爾說：「我遠離祖國，遠離家園，在這裡歡度這一年一度的佳節。但我並不覺得寂寞孤獨。或許是因為我母親的血緣關係，或許是因為我在這裡得到了許多友誼，讓我根本不覺得自己是個外來者。英國的人民和你們講著同樣的語言，有著同樣的宗教信仰，追求著同樣的理想。我感受到的是一種和諧的、親密無間的氣氛。在一片戰爭的混亂中，今晚，每一顆寬容無私的心靈都將得到安寧。因此，至少我們可以在今晚，把那些困擾我們的各種擔心和危險擱置一邊，並在這個充滿風暴的世界裡，為我們的孩子準備一個幸福的夜晚。那麼，此時此刻，在今天這個夜晚，每一個家庭都應該是一個有陽光普照、幸福和平的小島。」

邱吉爾從兩國人民間共同的語言、宗教信仰、理想以及長期的友誼切入，將這些共同點作為相互信任、相互了解的基礎，並把它提出來，用過一個「陽光普照、幸福和平」的聖誕節這樣的話語，打動了無數美國人的心，使他們改變反戰立場轉而與英國結盟。

第九章
有時候「嗆人」是必要的

不要一味地退讓

喜歡攻擊別人的人，他們往往自以為是地覺得自己站在了道德的制高點，總是擺出一副盛氣凌人的樣子對別人橫加指責，然後一臉得意地看著對方的窘態心中竊喜。這樣的人很強勢，不允許別人質疑自己的話。如果我們不幸遇到了這種人，那麼我們就需要強勢地還擊了。

起初我們往往會處於弱勢，這就更需要在還擊的時候增強氣勢，只有強勢的還擊才可以讓對方看到你堅決的態度。一個已經處於弱勢的人，在還擊的時候若是依然沒有氣勢，那麼他就會一直弱下去。

在如何應對別人惡言相向的問題上，孔融給我們樹立了好榜樣。

漢末文學家孔融，字文舉，他十歲那年隨父親來到洛陽。當時正在擔任司隸校尉的李膺聲名顯赫，來拜訪他的不是顯要人士，就是他的親戚。

孔融來到他家門前，向役吏說明自己是李膺的親戚，才由役使帶領到李膺面前。

李膺問：「你和我有什麼親戚關係？」

孔融回答：「過去我的祖先孔子與您的祖先老子有師生之誼，所以我和您是多少代以來的通家交情啊。」

李膺問：「你要吃點什麼嗎？」

孔融回答：「好的。」

李膺說：「我來教你做客的禮貌，只能推辭，不能答應主人。」

孔融反唇相譏：「我來教你當主人的禮貌，只管擺上食品，不要問客人吃不吃。」

李膺沒辦法，只好說：「可惜我快死了，不能看見你飛黃騰達的那一天。」

孔融說：「您離死還早呢！」李膺問他有什麼根據。

孔融回答：「正所謂『人之將死，其言也善』。您剛才說的話很不友善，所以還沒有到死的時候。」

此時大夫陳韙也來了，正巧聽到了這些話，於是說道：「小時候聰明，長大不一定傑出！」

孔融回答：「想必您小時候一定很聰明。」陳韙頓時啞口無言。

在這個故事裡，連番發難於孔融的李膺和陳韙也非等閒之輩，他們在看似乎常的語句中綿裡藏針。好在孔融機智過人，簡潔卻有力地進行了回擊。

美國著名詩人惠特曼也遇到過類似的情況。由於他是一個公眾人物，且聲名大噪，妒忌他的人不在少數，以至於他經常在公開場合被人發難，但他總是以他獨有的略帶諷刺性的幽默語言進行還擊。

一次，惠特曼在大會上演講，他用自己詼諧幽默、鋒芒畢露、鏗鏘有力的演講獲得了在場聽眾的陣陣掌聲。

忽然臺下有人大喊道：「惠特曼先生，您講的笑話我不懂！」

那人話音剛落，惠特曼便感嘆道，「莫非您是長頸鹿？只有長頸鹿才可能在星期一劃破了腳，到星期日才感覺到痛！」

話畢，不少觀眾都竊笑起來。

「我應當提醒你，惠特曼先生。」那位觀眾不依不饒，擠到主席臺前嚷道，「拿破崙有句名言，就是『從偉大到可笑，只有一步之遙！』」

「不錯，從偉大到可笑，只有一步之遙。」他邊說邊用手指著自己和那個人。

最終，那位觀眾在大家的嘲笑聲中狼狽地走出了會場。

他人的指責和非難，往往出乎我們的意料，並且總是如暴風雨般突然來襲，意圖在我們沒有準備的時候將我們打倒。這時就應該像惠特曼一樣，毫不猶豫地給對方最致命的反擊。

如果反擊的方式不合理，不僅不能命中對方要害，自己的利益也得不到維護，還可能給旁觀者留下惱羞成怒的印象。所以我們在遇到這樣的情況時，應該像孔融和惠特曼一樣，不僅不忍讓退縮，還要以更強勢的態度進行有力的回擊，讓發難者無處可逃，自食其果。

攻其不備，出其不意

有些人喜歡攻擊別人，這樣的人明槍明炮的倒還好還擊，你抓住機會狠狠地回擊便是。但是還有些人自以為有些小聰明，在為難你的時候還對你設下圈套，讓你在不知不覺中落入他們的陷阱。其實這樣的人也不難對付，他們不是很為自己的小聰明得意嗎？那麼你就先滿足他們的驕傲自大，因為人在得意忘形時，防守能力會變得極低。

有一位以愛刁難人著稱的富太太上街購物。此人極為虛榮，總是仗著自己的富有為難別人。

這天，在看到一個衣衫襤褸的小乞丐時，她又有了壞主意，想拿他取樂，便對那個乞丐說：「我們有錢人的寵物的命都比你們窮人的命好！這樣吧，你叫我的狗一聲爸爸，我便給你十塊錢。」

小乞丐知道眼前的這位富太太是在侮辱他。他先是眉頭一皺，眼珠一轉，突然像是想到了什麼好主意似的，便開心地說道：「喊一聲給十塊錢，要是喊十聲呢？」「那當然給一百塊了。」富太太見自己的計謀得逞，越發開心，頭也抬得更高了。

小乞丐躬下身去，撫摸了一下狗的皮毛，然後認認真真地喊了起來：「爸爸！」周圍看熱鬧的人都聚了過來，想看看到底發生了什麼事。富太太這下樂開了花，她盡可能地向周圍人說明情況，生怕別人不知道。

小乞丐也不顧人多，一句接一句地叫著，一直喊了十句才停下來。富太太怪異地笑了一陣，按照最初的約定給了小乞丐一百元。

周圍看熱鬧的人更多了，他們都對著小乞丐指指點點，臉上露出不屑的表情。小乞丐看了看周圍的情況，然後扯開嗓門，對著富太太大聲喊了句「媽媽」，不僅如此，他還向她恭恭敬敬地鞠了一躬。

頓時，周圍的人都大笑起來。

面對富太太的刁難，本來處於弱勢的小乞丐幾乎沒有任何勝算。但小乞丐明知對方的圈套，還故意跳了進去，讓富太太以為自己計謀得逞，自然就會得意忘形。小乞丐在這個時候突然反擊，自然必勝無疑了！

阿帆在市區開了一個染坊，因為手藝好，且為人和善，生意非常興旺。整條街的人都把自己的布拿到他這裡染。

有一個財主，滿肚子壞水，看見阿帆的生意這麼好，心裡十分嫉妒。他總想找機會刁難一下阿帆，讓他的店開不下去。

有一天，他拿了一匹布到阿帆的染坊，讓阿帆給他的布染色。見他來訪，阿帆深知來者不善，但還是和顏悅色地問道：「您要染什麼顏色啊？」

「我要染的顏色非常普通，它不是綠的，不是白的，不是黑的，不是藍的，不是紅的，也不是青的。總之它不是你平常看到的顏色。都說你染色手藝精湛，你不會染不出來吧？」

「沒問題！」阿帆已經明白了對方的意圖，他邊說邊把布鎖進櫃子。

「那我什麼時候來取呢？」財主見阿帆已經掉進了陷阱，心中竊喜。

「你到那一天來取吧，那一天不是星期一，不是星期二，不是星期三，不是星期四，不是星期五，不是星期六，也不是星期日。」財主愣在那裡一句話也說不出來。

財主自負地以為能憑藉自己的小聰明把阿帆難倒，不想卻讓阿帆給自己上了一課。

生活中像財主這樣的人並不少，在遇到這樣的人時，應該學學阿帆，先讓對方放鬆警惕，再攻其不備。

2009年美國白宮的「蹭飯夫婦」事件，曾讓美國民眾對白宮的安保產生了質疑。輿論矛頭更是直指美國特勤局主管，白宮保衛處也承受了很大的壓力。

不過這位主管卻在一次公開講話中很好地化解了這場信任危機。他如是說：「就我局去年對有關白宮的一百二十萬來訪者的影片監控以及和總統、副總統及其他人相關的一萬處地點的安全保護的工作情況來講，我們做得還不夠好。」

他講的這番話成功地將人們的注意力轉移到了他們繁重枯燥的工作上。他有意提到這兩個巨大的數字，也是為了讓人們對他們的工作量有直觀的認知。當人們知道了他們的工作是如此繁重和無聊時，就會原諒他們這次的疏忽。因為大多數人都覺得，在如此巨大的工作量下，犯一點點錯誤是在所難免的。這位主管不僅沒有道歉，還很好地證明了自己的清白，以至於到最後別人也沒覺得他是在辯解。最大的原因就是他找到一個很好的切入點，很好地將民眾的關注點轉移了過去，這種「出其不意」的方式挽救了他們在民眾中的形象。

以其人之道，還治其人之身

古時候，有一個叫巧姑的婦女，聰明能幹，把家務安排得妥妥貼貼。她公公張老漢一時高興，就在大門上寫了幾個大字：萬事不求人。這話被知府老爺看到了，心想這不是不把我放在眼裡嗎？那好，我就叫你來求我。

於是，知府老爺便命人將張老漢抓來，對他說：「你說得出這種大話，想必有大本事。那好，限你在三天之內找出三件東西來，一頭大公牛生的牛犢，灌得滿大海的清油和一塊遮天的黑布。要是找不到，就辦你個欺官之罪！」

張老漢很煩惱，回家把話告訴巧姑。巧姑聽後說道：「您放心吧，我自有辦法。」

三天後，知府老爺來了。進門便喊道：「張老頭快出來！」

巧姑走上前說：「稟大人，我公公沒在家。」

「他敢逃跑！」

巧姑應道：「他沒有逃，生孩子去了。」

知府老爺感到荒唐，說道：「胡說，世上只有女人能生孩子，哪有男人生孩子的？」

巧姑說：「既然男人不能生孩子，那麼大人為什麼又要公牛生牛犢呢？」

知府老爺一時無言以對，只得說：「這件不要他辦了，那灌海的清油呢？」

巧姑說：「請大人把海水抽乾，我們馬上就灌。」

知府老爺說：「海有那麼大，怎麼抽得乾？」

巧姑說：「抽不乾的話，海裡全是水，油往哪裡灌？」

知府老爺的臉一下子羞紅了，便怒叫道：「這一件也不辦了，還有遮天的黑布呢？」

巧姑說：「請問大人，天有多寬？」

知府老爺說：「誰也沒有量過，誰知道它有多寬！」

巧姑說：「既然不知道天有多寬，那叫我們怎麼去扯布呢？」知府老爺再沒話說，他紅著臉，灰溜溜地鑽進轎裡離開了。

看完這個故事，我想很多人都會忍不住嘲笑知府老爺的窘態。細想來，巧姑是如何巧妙地回擊了知府老爺？又是怎樣使他陷於有口不能言的境地的？答案是「以其人之道，還治其人之身」。面對知府老爺的刻意刁難，如果硬碰硬地與其對抗，造成的結果是非常麻煩的，甚至會有掉腦袋的風險。好在巧姑聰明機智，抓住了知府老爺問題中的漏洞，再將問題推到知府老爺身上，讓他啞口無言。

從前，有個叫丘浚的人去逛廟。廟裡的老和尚見他十分寒酸，就對他格外冷淡。這時，恰好有一位官員也來逛廟，老和尚見了立刻笑臉相迎，熱情招待，畢恭畢敬。丘浚被冷落在一旁，十分尷尬。

這位官員離開後，丘浚質問老和尚：「為什麼對那位官員那樣恭敬，對我卻愛理不理？」

「你不懂，」老和尚急忙辯解道，「按我們佛門的規矩，恭敬就是不恭敬，不恭敬才是恭敬！」

丘浚聽罷，哈哈大笑。

他猛然間抄起一根木棒，照著老和尚的頭猛打，打得老和尚雙手抱著頭哇哇直叫。眾人攔住丘浚，老和尚生氣地質問道：「你為何打人？」丘浚一本正經地說：「既然你說恭敬就是不恭敬，不恭敬才是恭敬，那麼，我打你就是不打你，不打你才是打你！」

老和尚滿面羞愧，無言以對，周圍的人也向他投去鄙夷的目光。

老和尚阿諛奉承、趨炎附勢固然該打，只是以怎樣的一種方式去教訓他才合適呢？倘若直白簡單地對其進行指責，倒不一定能使他清醒，弄不好還被他說成是自己無理取鬧。丘濬則十分聰明，把老和尚辯解的邏輯運用到實際行動上，打了他，還讓他無話可說。

這便是以其人之道，還治其人之身的妙處。用你的方法來回擊你，倘若我錯了，那麼你也錯了；如果我對了，你也無話可說。置對方於左右為難的境地，你就是贏家。

以退為進的說話策略

道格拉斯和林肯的辯論才能眾人皆知。在歷史上他們還發生過一次有趣的對話。

道格拉斯在總統競選中輸給了林肯。但他不服氣，總想找機會羞辱一下林肯。在一次聚會中，道格拉斯遇到了林肯，於是道格拉斯來到林肯面前，大聲對林肯說：「總統先生，記得你以前只是個小商店的服務生，賣著劣質的酒和雪茄，你可真是個有風度的服務生啊。」很明顯，道格拉斯想在眾人面前讓林肯難堪。

林肯也明白了他的意圖，面對眾人，他回答道：「你說得一點沒錯，我以前的確當過服務生。那時候道格拉斯先生還是我的常客，我們分別站在櫃檯的兩側，可是現在我已經從那裡走出來了，可是道格拉斯先生你還站在櫃檯的那一側，不肯離開。」

面對道格拉斯對自己的嘲笑，林肯並沒有否認，乍看之下似乎是林肯示弱了，但這正是林肯以退為進的策略。他先大方地承認自己的過去，然後話鋒一轉，把兩人的現狀做了很好的對比，這種對比引起的反差，足夠讓發難者無地自容。

《史記．滑稽列傳》中記載著這樣一則幽默故事：

楚莊王十分鐘愛一匹馬，由於過於喜歡，楚莊王從來都不捨得騎這匹馬。最後的結果是，這匹馬因為太過肥胖而死掉了。楚莊王十分傷心，他命令全國悼念這匹馬，並打算專門為這匹馬準備一口棺材，且按照大夫去世時的禮節舉行葬禮。

文武百官見皇上做出如此荒誕的事，紛紛上前勸阻。楚莊王心生怒火，下令誰再勸阻就砍了誰的頭。

有個叫優孟的人聽說了這件事後請命進宮，剛一進宮他就大哭起來。楚莊王問他為什麼哭，優孟說：「這匹馬是大王最疼愛的馬，楚國這麼大，什麼東西都有，倘若只以大夫的標準給馬下葬，豈不是太委屈牠了，枉費大王的一片疼愛之心啊！我覺得大王應該按照君王的標準來厚葬牠。」楚莊王聽後十分高興，趕緊問他應該怎樣下葬才最好。

優孟說：「最好用上等的玉石做棺材，請最好的工匠雕刻上最精美的花紋，然後用梓木做外槨。還要建一座廟宇，給馬立個牌位，放在裡面，並追封牠為萬戶侯。這樣全天下的人就會知道，大王是賤人而重馬了。」

楚莊王聽到這裡，終於醒悟了過來，並對優孟的一番苦心讚嘆不已。

優孟看上去是順著楚莊王的意思進言，不僅要將這匹馬厚葬，甚至還要提高到君王的等級。而事實上他正是用這種以退為進的方法，表面上順從楚莊王的言論，把事情推到極其荒唐的地步，讓楚莊王明白自己的決定有多荒謬。這樣一來，不僅提醒了楚莊王，還不會讓他產生排斥的心理。

面對目標，很多人往往會急不可耐，不顧一切地向著目標前進。他們往往表現出風雨無阻、勇往直前的作風。有這樣的魄力固然是好事，但是我們也要冷靜下來想一想：這種做法在任何時候都合適嗎？

在生活中，如果我們也遇到了類似上述故事中的情況，就不要一味地向前而將自己置於「死巷」。我們不妨先退一步，避免正面的衝突，做出表面妥協的樣子，然後循序漸進，步步為營，以退為進，讓對方逐漸接受自己的觀點或建議。

不要慌不擇「言」

冷靜不下來的人，往往很難有所作為。我們的眼睛總是會被一些虛假的東西遮蔽，讓我們難以看清真相，也看不到問題的本質。只有以冷靜的頭腦和理性的心態面對問題，我們才不會做出錯誤的判斷。

動不動就失去理智的人，往往會一激動就慌不擇言，導致不能很好地表達自己。那麼怎樣才能讓自己更理性一點呢?答案便是及時讓自己冷靜下來。這兩者看似風馬牛不相及，實則不然。只有能夠及時冷靜下來的人，才能讓理性的思維占據自己的頭腦，這樣不管遇到多麼複雜的環境，都能去偽存真，看清事物的本質。

阿道夫．門采爾是十九世紀德國成就最大的畫家之一。他長得既矮小又醜陋，經常因此被嘲笑。但每次有低俗的人嘲笑他的長相時，他總能以自己獨有的方式進行還擊。

這天，當門采爾坐在飯館裡享受午餐時，進來了三個外國人，一位女士和兩位先生，他們在他附近的一張餐桌旁坐下。門采爾抬頭一看，發現那位女士正與另外兩個同伴耳語，還不時打量自己。後來那三個人一起用略帶歧視的眼光打量了門采爾一番後，哈哈大笑起來。

門采爾的臉頓時漲得通紅，他知道對方肯定是在嘲笑自己的長相。但他什麼都沒說，而是取出隨身攜帶的速寫本認真地畫起畫來，他一邊畫一邊不時地望向那位女士的臉龐。這三個人注意到了這一點，慢慢地，他們變得不自在起來，尤其是那位女士，臉上紅一陣白一陣的。她不知道旁邊這個長相醜陋的人想要做什麼，卻又不好直問，於是一副窘態地坐在那裡。

門采爾依然不理會他們，像什麼都沒發生一樣，依舊專注地作畫。終於，三人中的一位男士忍不住了，他站了起來，走向門采爾，然後憤怒地說道：「先生，你怎麼能在沒有經過別人允許的情況下就擅自將別人畫進畫裡，這樣是很不禮貌的你知道嗎？」

「先生，」門采爾很有禮貌地回答道，「這哪裡是一位女士，你仔細看看，這分明就是一隻鵝啊！」他一邊說一邊把速寫本遞給那位男士看。

這位男士見自己冤枉了人，就連忙道歉，面露難色地回到自己的座位上，而其他顧客見此情景卻不禁大笑起來。原來門采爾畫的是一隻引頸高叫的肥鵝，那個男人並不知道鵝在德語中有罵人的一層含義，意為「愚蠢的女人」。見到其他顧客如此大笑，這三個人更加不知所措了。

在面對別人的嘲笑時，失去理智的人往往怒不可遏，甚至大打出手。這樣不僅不能進行良好的反擊，往往還會傷害了自己。因此我們不如學學門采爾，不被情緒牽著鼻子走，而是冷靜下來，做出更有力的還擊。

德國大詩人海涅因為自己猶太人的身分，常常遭到無端的攻擊。在一次晚會上，一個旅行家故作神祕地說道：「我發現了一個小島，你們猜猜這個島上有什麼奇怪的景象？」

大家的興趣一下被激發了起來，都興致勃勃地等他的下文。

那個旅行家看到大家都等著他的下文，便得意地繼續說道：「這個島上竟然沒有猶太人和驢子！」說完還哈哈大笑起來。

人們紛紛看向海涅，都在猜測他要如何應對。

海涅不但沒有生氣，還微笑著說道：「我有一個辦法來彌補這個缺陷，那就是你和我一起去這個島上！」話落的瞬間，大家都為海涅的機智鼓掌喝采。

海涅之所以能做出如此精采的回擊，正是因為他能夠冷靜下來面對他人的挑釁，冷靜的作用在這裡不言而喻。所以，無論我們因何事憤怒，都應該讓自己及時冷靜下來。

在社交場合中，我們都可能遇到一些他人有意或無意的責難，要怎麼去處理呢？是任由事件左右自己，還是主導事情的走向？在面臨出人意料的場景時，多數人都會傻傻地愣在原地不知所措。要知道，在這樣的時刻最需要的就是冷靜、機智和果敢。

第十章

說話要有「聊效」

說話注意分寸

一個人具備幽默這一特點是件好事，這能幫助你更好地與他人溝通。但俗話說「物極必反」，過度的幽默就不是幽默了，因為變質的幽默不僅讓人笑不起來，還可能會傷害別人，成為人與人之間矛盾的導火線。

那麼，如果我們想要幽默的時候，應當注意哪些問題呢？整體而言，應該注意以下三點：

首先，不要進行人身攻擊。一定不要抓住對方的身體缺陷進行調笑，因為這種無情地揭開別人傷疤的行為，是把自己的快樂建立在別人的痛苦上，只會招來對方的反感和旁觀者的厭惡。就如一些迷因固然好笑，但也可能因為調侃弱勢族群而遭到許多非議，甚至被大眾抵制。

其次，不能冷嘲熱諷。不管是否出於好心，冷嘲熱諷的言語都會被別人理解為惡意的人身攻擊，這樣一來，只會讓你陷入百口莫辯的境地。

最後，要對自己的幽默所造成的結果有預見性。比如：捉弄別人的惡作劇多數情況下會造成不好的結果。這就要求我們在明知某些行為可能造成不良影響的前提下，果斷放棄這種看似幽默的行為。

上面說到了三個比較大的方面，下面是總結出來的一些在幽默時應該注意的小環節：

◆幽默的時候一定要分情況、分場合

有些幽默只在特定的場合下才能發揮作用，放到其他的地方很有可能造成不小的誤會。比如有個剛結婚的女同事正向大家炫耀自己老公多麼體貼的時候，有個同事自以為幽默地來了句：「那麼體貼，怕是照顧過很多女孩子吧！」場面瞬間就變得尷尬了。

◆開玩笑的時候避免傷害別人

開玩笑的時候，只要在場的人中有一個因為你的幽默而受到傷害，那麼你的幽默就是失敗的。

記得在一次同學聚會的時候，有位同學講了個笑話。他說：「有兩個精神病，一個穿紅衣服，一個穿綠衣服，從醫院裡逃出來。兩人逃到了一棵樹上，不一會兒，穿紅衣服的人從樹上跳了下來。他對著還沒有下來的同伴說：『你怎麼還不下來呢？』只聽那人說：『我還沒熟呢！』」聽完這個笑話之後，大多數同學都哈哈大笑起來，只有一位同學低下了頭，原因很簡單，因為他家有一個精神病患者。

那位同學當時的感受可想而知。雖然講笑話的同學無意嘲笑，但嘲笑的效果已經產生了，對他人的傷害也已經形成了。所以說在開玩笑之前要盡量避免傷害到在場的任何一個人，即使無意的也不行。

◆不要嘲笑別人的長相

長相是與生俱來的，不是個人可以左右的。所以嘲笑自己的長相沒有關係，不僅不會傷害他人，而且能讓別人看到你的豁達，但要注意的是，你千萬不能去嘲笑別人的長相。「愛美之心，人皆有之」，尤其對於女性朋友來說，最不能忍受的就是別人拿自己的長相開玩笑。所以，對於別人的長相，我們應盡量以讚美為主。

◆機會稍縱即逝，幽默也要抓住時機

有時候在別人說話時，恰巧有一句話可以讓你發揮一下自己的幽默才華，此時你就要趕緊出手，不然等到大家聊到別的話題上，你的幽默就不合時宜了。如果在話題轉移後，你還強硬地把幽默丟擲去，不僅達不到幽默的效果，別人還會覺得你反應遲鈍。

別落了對方面子

許多人把面子看得比什麼都重，所以，會說話的人在說服別人的時候，懂得給人留面子，也懂得在必要的時刻給對方一個臺階。

也許有人會認為這樣做太傻，殊不知有一個成語叫「大智若愚」。在別人說錯話或他人的認知存在明顯錯誤的情況下，為了不傷他人面子，你可以在談話中給對方鋪臺階，可以假定對方在一開始時沒有掌握全部事實。例如你可以這樣說：「當然，我完全理解你為什麼會這樣想，因為你那時可能還不知道有這回事。在這種情況下，任何人都會這樣做的。」或者，「最初，我也是這樣想的，但後來當我了解到全部情況時，我就知道自己錯了」之類的。

有一位女老師曾遇到過這樣一件事：下課後班長向老師反映，昨天她爸爸送給她的生日禮物——一枝黑色派克鋼筆不見了。老師巡視了一下全班同學的表情，發現坐在班長旁邊的學生神情驚慌，面色蒼白。這位女老師明白了一切，卻沒有當面指出。

因為如果當面指出，不僅沒有證據，還會傷害這位同學，讓他以後都沒辦法面對其他同學。於是，她想了想說：「別著急，肯定是哪位同學拿錯了，黑色的鋼筆實在太多了，互相拿來拿去是經常發生的事。等他看清楚了，一定會還給你的。」果然，下課以後，班長就發現自己的鋼筆又回來了，不禁感嘆老師真是料事如神。

人們難免會因一時衝動而做錯事、說錯話，或者得罪人。如果你此時以牙還牙，只會使事態變得更嚴重。這時直接戳穿也許並不是最好的辦法，不妨給對方一個臺階下，這樣反而能使對方產生愧疚感，並自覺改正錯誤，從而在不知不覺間就能達到說服他的目的。

學會講故事

你可以學習另闢蹊徑，讓自己的話語委婉且精準地描述當下的情景。想要好好與人溝通，就一定要在語言上費心思，讓自己說的話令人回味，講的故事百轉千迴。

在對別人講故事的時候，要想使自己的故事引人入勝，除了結尾要出人意料之外，在講故事的過程中，你還要做到以下幾點：

◆分析故事中的人物

故事的情節和主題大都是透過人物的語言和行動表現出來的，所以我們在講故事以前就要先研究人物的性格特徵，以及人物之間的關係。比如我們要講《皇帝的新衣》這個童話故事，我們就要先分析其中幾個主要人物的性格，然後把國王的愚蠢無知，騙子的狡詐陰險，大臣的阿諛奉承、不分是非，小孩的天真無邪等都用語言表現出來。

◆掌握故事的語言特點

故事的語言不同於其他文學形式的語言，其最大的特點就是有較強的口語性和個性。所以當我們拿到一份資料時，不要馬上就開始練習，而要先把資料改造一下，改成適合我們侃侃而談的故事。

◆反覆練習

對資料做了以上的分析和加工後，我們就可以開始練習了。透過反覆練習達到對內容的熟悉，最終能使自己的感情與故事中人物的感情相融合。經過用心準備、反覆練習，你講的故事定能博得滿堂喝采。

培養說話的魅力

聲音是個很神奇的東西，它能夠傳達很多東西，有時還可以左右人的思想，甚至可以改變對方的決定。如果你能讓聲音變得更有味道，它甚至能讓你比用了名貴的香水更有魅力。

但大多數人說話的聲音都很大，尤其是當眾講話時，聲音會提得很高，抑揚頓挫非常誇張，他們可能認為這是一種魅力，其實會給人一種造作之感。還有些人在說話時老帶一個「嗯」字，其實這是缺乏自信的表現。

很少有人嘗試降低自己的聲音。也許你可以注意一下，當你把自己的聲音變得低沉時，對方是一種怎樣的表情。也許你會發現，你的聲音越是沉穩，就越是吸引人。因為低沉的聲音會顯得說話的人很踏實穩妥，從而更容易獲得他人的信任和尊敬。

聲音可以影響人的判斷力。沉穩的聲音，很容易引起對方的好感，從而讓他覺得你更能勝任某項工作，或者更具有領導能力。

聲音還可以反映一個人的心態。細小、單調的聲音，會讓他人覺得你缺乏自信。音質寬厚、語調抑揚頓挫的聲音，可以放射出你獨特的性格魅力，並且能夠增強交流的效果。

BBC（英國廣播公司）在一個節目中，播放了幾位世界級領袖人物的演講片段，包括甘迺迪、邱吉爾、柴契爾夫人、伊莉莎白二世、馬丁·路德·金恩等，要求聽眾辨別他們的聲音。被測的人都能夠準確地說出他們的名字，因為這些有巨大威望的領袖的聲音都音質獨特、有權威感，他們的聲音也是吸引追隨者的魅力之一。

經過訓練的聲音和沒有經過訓練的聲音有很大的差別。你可以觀察一下電視節目中的主持人和播音員，他們的聲音是從腹腔發出來的，低沉有力度，自然不造作。

那麼，如何訓練自己的聲音呢？

1. 聲音也要經過修飾

聲音品質包括：高低音、節奏、音量、語調。語調就像畫圖，會直接影響對方的反應。一個詞語音調的變化就能表達很多種意思，你要試著找到最能表達自己感情的方式。

于美人在她的書裡就講過：「許多人第一次聽到自己的聲音時都會非常驚訝。『我說話的聲音有那麼難聽嗎？』我也不例外。我第一次用錄音機錄下自己的聲音來播放時，真的是嚇了一大跳！我的聲音不但不清晰，喉音和鼻音還都很重，這樣的話要如何當老師呢？所以在那一年裡，我只要有空就會用錄音機錄下自己的聲音，然後反覆調整。該如何調整呢？我提供一個獨門絕招跟大家分享。我建議你先錄下自己的聲音，然後在晚上即將上床睡覺之前播放，如果你發現自己的聲音具有催眠效果，可以幫助你入眠，那就是該調整的時候了！當時我做這個測試時，發現我的聲音的確具有催眠自己的功效。如果不改善的話，那麼聽我講課的學生豈不是每個都呼呼大睡、打鼾聲不絕於耳嗎？所以我用錄音機自我調整了好幾個月，才徹底改善了我的『催眠音調』。」

2. 找到屬於自己的音質，能夠給對方一個舒適的感受

要知道，人的語音、語調以及聲調變化占說話可信度的84%。這樣一來，你就要找到屬於自己的特殊音質。專家建議日常生活中可以這樣練習：準備說話前先喝一口水，做一下深呼吸，然後放鬆、微笑。讓發音吐字像一串串明珠從口中流出。這一點可概括為：氣息下沉，喉部放鬆；不僵不擠，聲音貫通；字音輕彈，如珠如流；氣隨情動，聲隨情走。

3. 避免不良說話習慣

有些人有不良的說話習慣，自己很難發覺，對方又礙於情面不願意提出來，長此以往，很容易引起大家的反感。不良的說話習慣包括說話時喜歡捏著嗓子、故意拉長聲音說話等。有這些習慣的人一定要注意改正。

不要忘了傾聽

誇誇其談的人也許很滿意自己的口才，但他們往往忽視了對更為重要的技能的關注，那就是傾聽。

大多數年輕人都以為話說得越多，在社交圈裡便越受歡迎，其實不然。不在意別人感受的情況下亂說一通，往往會引起他人的反感。

一位外交官的太太曾細述她丈夫初入外交界，帶她去應酬時所遇到的尷尬情況。她說：「我是個從小地方來的人，而滿屋子都是口才奇佳、去過世界各地的人。我拚命找話題，不想只聽別人說話。」

一天黃昏，她終於忍不住向一位不大講話但深受歡迎的資深外交家吐露了自己的困擾。外交家告訴她：「每個人說話都要有人聽。相信我，善於聆聽的人在宴會中同樣受歡迎，而且難能可貴，就好像撒哈拉沙漠中的甘泉一樣。」

這就是傾聽的重要性。

傾聽是一門藝術，我們不僅要聽到對方說的話，還要能聽出對方的心聲。

某個學生在學校裡不慎將左腳摔成骨折。心急的家長氣沖沖地找到學校說要找校長算帳，被保安擋在門外。雙方的情緒都很激動，甚至開始推搡起來。這時校長來了，他沒有急著為自己辯解，只是大聲喊著：「親愛的家長，您的情緒我可以理解，但是我希望我們能做一次坦誠的交流。我說的時候，希望您認真聽，您說的時候，我一定不打斷，這樣對解決這件事情會有很大的幫助。」於是，雙方都安靜下來認真聽取對方的發言。在這一說一聽中，家長了解了校長工作的難處，校長也知道了家長的愛子心切。最後大家在相互諒解的前提下心平氣和地解決了這件事。

不可否認，在聊天的時候，誰都想聊自己感興趣的事物，所以懂得相互傾聽就變得格外重要。

正如每把鎖都會有相應的鑰匙，每個人都有其獨特之處，先要掌握好重點再拿捏好角度，才能溝通得輕鬆、順暢。

第十一章

別讓好心「給雷親」

直言不諱也有不好使的時候

很多時候，有些人哪怕知道自己做錯了事情，也會為了所謂的面子而拒絕承認。倘若有人逼著他認錯，他還可能會給予異常激烈的反擊。

有一位剛從某名牌大學畢業的年輕律師，剛進入律師所，接的第一個案子就是為其中一方做辯護的大案子。在進行辯論時，最高法院的法官剛剛開口說了一句：「據國內相關法律規定，××法的追訴期限為六年，因此根據……」法官還沒有說完話，那位年輕律師就直接打斷了他，因為他熟知各種法律條文。他知道法官說錯了，便率直地說：「不，法官大人，您搞錯了，××法根本就沒有追訴期限。」

法庭內頓時一片靜寂，法官沒想到中途會冒出這樣的聲音。他知道自己犯了一個常識性的錯誤，感覺自己簡直無地自容，臉色變得鐵青，愣在那裡足足有五秒鐘沒有說話。原以為會獲得眾人讚賞的年輕律師，不但沒有得到讚賞，反而在眾人的目光下感到非常不自在。

而從那之後，那位法官一看到年輕律師，就覺得很尷尬，總是擺出一副冷漠而嚴肅的表情。「為什麼他對別人都是和藹可親的，對我卻異常冷漠呢？」年輕律師的腦海裡不斷縈繞著這一問題，卻從沒有從自己的身上找原因。

那麼，年輕律師犯錯了嗎？實際上並沒有。可是，他錯就錯在不該輕易打斷那位法官的話，甚至當著眾人的面落下那位法官的顏面。

因此，在指出別人的錯誤時，一定要注意方式，要盡量採用委婉的方式提出來，不要讓其太難堪，那樣才不會「禍從口出」。

在人際交往中，直言不諱地直接指出別人的錯誤，很多人是接受不了這種「好心」的。應該採取一些溫和委婉的方式，巧妙地暗示出對方錯在哪了。這樣可以為對方挽回面子，緩和緊張難堪的氣氛，使事情能順利進行。要達到這樣的目的，就應該學會使用下列技巧：

◆為對方找一個善意的行為動機

假裝對對方的尷尬行為不理解，有意為對方尋找一個善意的行為動機，也就是說，給對方找個臺階。

◆順勢而為

根據當時的發展態勢，巧妙地化解對方的尷尬，轉消極為積極。

◆將尷尬的事情嚴肅化

有意對對方的尷尬之舉賦予嚴肅的態度，用以消除對方的緊張心理。

有些話得繞個彎

某天晚上，當時擔任總統職務的林肯在忙完一天的工作後回到家中。他本來想好好地休息一下，然而一陣刺耳的電話鈴聲響了起來。原來是有位國家稅務方面的高官剛剛去世，有人垂涎這個位置已久，便打電話來詢問林肯他能否取代這位高官。林肯回答說：「你去問問殯儀館的相關人員吧，要是他們不反對，我自然沒有意見。」

慣於鑽營的人總是見縫插針，總是以自己的私利為主，抓住一切機會推銷自己。面對這樣的人，你需要的就是讓他更清楚地了解自己，知道自己幾斤幾兩，不然對方膨脹的自大心理就可能會傷到你。

在這種不合時宜的時候給總統打電話推薦自己的人，其能力和修養可想而知。要是林肯就他的能力方面去否定他，可能會浪費掉不少的口舌，而這也是沒有必要的。所以林肯很聰明地曲解了他的話，把他口中的替代理解為簡單的個體替換，絲毫不提及職位的事，讓那個人所有自薦的話都說不出來，林肯也省去了許多不必要的麻煩。

這類人和那些惡意攻擊你的人不同，他們並沒有惡意，只是一心要為自己爭取更多的利益。所以你在應付他們的時候不必唇槍舌劍，也不要給自己造成不必要的麻煩，讓自己的話像會轉彎的子彈一樣，繞過他們膨脹的自信，擊中他們的弱點，使他們清醒便可以了。

邁克在旅館退房的時候，發現老闆多收了他兩百元，便拿著單子不解地跑去詢問。

老闆說道：「你住了十天，這兩百元是水果的費用。」邁克納悶地問道：「可是我一個水果都沒有吃啊。」

老闆接著說：「這可不能怪我啊，每天我們的服務生都把水果放到你房間，是你自己不吃的。」

聽後，邁克靈機一動，他從容不迫地從帳單中拿走三百元。老闆緊張地問道：「先生，你這是做什麼啊？」

邁克回答道：「因為你吻了我的妻子啊，每天三十元，十天不正好是三百元嘛。」

「你怎麼血口噴人呢，我可從來沒吻過你妻子啊！」老闆叫嚷道。

「可是她天天都住在你的旅館啊，你不吻是你的事。」

這裡的老闆只是出於奸商的本性，唯利是圖。一些人只是為了自己的小利益，並不針對任何人。在與他們打交道的時候，你要做的就是維護好自己的利益。在這個例子裡，邁克就很好地維護了自己的利益，沒有讓自己造成經濟損失。

在工作中，我們也常常會遇到這樣的人。尤其是在你做了老闆後，可能會遇到員工提出這樣那樣的要求。礙於面子你不好拒絕，或是不忍心太直白地表露自己的態度，這個時候你便可以試試用一下這種會轉彎的子彈，以使自己擺脫種種讓人難堪的要求。

三思而後「說」

名醫扁鵲有一次去見蔡桓公。他在旁邊立了一會兒對桓公說：「你有病了，現在病還在皮膚裡，若不趕快醫治，病情將會加重！」桓公聽了笑著說：「我沒有病。」待扁鵲走了以後，桓公對人說：「這些醫生就喜歡醫治沒有病的人來炫耀自己的本領。」

十天以後，扁鵲又去見桓公。說他的病已經發展到肌肉裡，如果不治，還會加重。桓公不理睬他，扁鵲走了以後，桓公很不高興。

再過了十天，扁鵲又去見桓公。說他的病已經轉到腸胃裡去了，再不從速醫治，就會更加嚴重了。桓公仍舊不理睬他。

又過了十天，扁鵲去見桓公時，對他觀望了一下，轉身就走。桓公覺得很奇怪，於是派人去問扁鵲。

扁鵲對派來的人說：「病在皮膚裡、肌肉裡、腸胃裡，不論針灸或是服藥，都還可以醫治。病若是到了骨髓裡，那還有什麼辦法呢？現在桓公的病已經深入骨髓，我也無法醫治他了。」

五天後，桓公渾身疼痛，趕忙派人去請扁鵲。扁鵲卻早早就逃到了秦國，桓公不久就不治身亡。

這就是歷史上有名的「諱疾忌醫」的典故。千百年來，學習這個故事的人們都會對蔡桓公的行為感到可笑。但是今天我們以另一種眼光去重新審視這個故事，也許會有不同發現。

扁鵲在發現蔡桓公的病情後，直言不諱地告訴了他。其實每個人都很害怕自己的身體出現問題，加上蔡桓公當時身體的確沒有異樣的感覺，你叫一個身體沒有任何異樣的人去相信自己得了大病是很困難的。所以要是扁鵲能轉變一下說話的方式，讓蔡桓公接受自己的建議，在早期就接受他的治療，也許結果就會大不一樣了。蔡桓公不會身亡，扁鵲也不用逃到秦國。所以在這個故事裡我們不僅看到了蔡桓公的諱疾忌醫，也認識到了扁鵲直言不諱的害處。

在很多人的意識裡，直言不諱是一個好習慣，直言不諱的人給人坦率、耿直的印象。這種處世方式與圓滑相對，是人們更能接受的處世原則。但是某些情形下的直言不諱會給你帶來害處，讓你無法達到最終目的。

如你在指責對方的時候，能多找找自己的原因，看看是不是自己說的話沒有吸引力，或者過於囉唆，沒有做到簡明扼要、引人入勝，抑或是沒有重點，讓對方根本不知道你要表達什麼。在進行這些思考之後，再去處理問題，定會事半功倍。

你可以調侃自己說：「我這個人最大的不足就是說話沒有吸引力，不能吸引別人的注意力，你們也是這樣認為的吧？」這樣一句看似自我檢討的話，不僅可以讓在座的人認真聽你講話，還能讓別人知道你是一個和善並善於尋找自己原因的人。

別讓不會說話壞了事

古羅馬有位聲名顯赫的英雄，他以「戰神科利奧蘭納斯」而聞名於世。在很多次大戰中，他立下了汗馬功勞，在人民中有著極好的口碑。

後來，科利奧蘭納斯厭倦了戰場的殺戮，他打算競選最高執政官來擴大自己的名望。

按照規定，競選這個職位的人必須進行兩次演講。初次演講時，面對廣大的人民，科利奧蘭納斯表現得十分出色。在演講之初，他向人們展示了自己在幾年征戰中留下的傷疤，以示自己的愛國之心。在場的所有人都被他打動了，幾乎每個人都決定投他一票。

科利奧蘭納斯也很滿意自己的表現，甚至開始驕傲起來，他認為自己當選已是定局。

遵循流程要求，在投票的前兩天，他還要做一次演講，這次的演講對象換成了地方顯貴。

科利奧蘭納斯一改之前的親民形象，在元老和貴族面前，他傲慢自大地宣稱自己一定會當選，還許諾在自己當選後會維護貴族們的利益。他不僅惡言詆毀對手，還說了一些阿諛奉承的話來討好貴族。

科利奧蘭納斯沒想到他競爭對手的朋友也在場，還把他的話傳了出去。全城的人聽說後都十分氣憤，於是紛紛把選票投給了另外幾位候選人。科利奧蘭納斯最終落選了。

落選之後，科利奧蘭納斯只能重回戰場。他強忍著心中的怒火，發誓要讓那些不選他的人嘗嘗苦頭。

一次戰爭過後，部隊繳獲的物資運抵城裡，元老們召開會議討論是否把物資發放給城中的平民。科利奧蘭納斯覺得自己的機會來了，他不僅極力反對把物資發給民眾，還攻擊當下的政治制度，並請求取消農民代表，只讓貴族說了算。他要徹底剝奪農民的權利。

科利奧蘭納斯的最新言論令民眾憤怒不已，他們認為自己的尊嚴受到了踐踏。於是人們成群結隊地趕到元老院前，要求科利奧蘭納斯出來向他們道歉。這一要求被科利奧蘭納斯傲慢地拒絕了。

人們忍無可忍，在城中發動了大規模的遊行示威。元老院迫於壓力，終於贊成發放物資。但是人們對科利奧蘭納斯的言行依舊十分憤怒，聲稱只有他出來道歉後，才會允許他重返戰場。

於是，科利奧蘭納斯來到民眾面前致歉。一開始他的發言還算緩和，然而沒持續多久，他心中的怒火就爆發了出來，他甚至出言攻擊民眾。隨著發言的進行，民眾越發憤怒，他們先是大聲抗議，然後引發肢體衝突，最終迫使科利奧蘭納斯不能繼續發言。

許多人都請求元老院判科利奧蘭納斯死刑，讓治安長官立即拘捕他，把他送到山頂丟擲下去。

後來在貴族和長老們的調解下，他被處以終生放逐邊境、永遠不能回城的刑罰。人們得知這一消息後，紛紛走上街頭歡呼慶祝。

在這裡，科利奧蘭納斯就是說話不經任何考慮的典型。他沒有分清自己面對的對象和場合，說了一些不合時宜的話，不但將自己的大好前途斷送，還使自己陷入困境。在還有機會改過的時候，他卻一錯再錯，直到困境變絕境，最終讓自己陷入萬劫不復之地。

所以對於我們來講，說話之前一定要要好好考慮一下，切忌張口就來，正所謂「話不在多，有理則行」。

父母與孩子之間的溝通怎樣才有效兩代人之間或多或少總會存在「代溝」的現象。對於晚輩來講，要說服思想相對保守的長輩，並非一件容易的事情。但是，如果晚輩能夠曉之以理，動之以情，用發自內心深處的話來打動長輩的心，雙方還是可以達成共識的。

伽利略年輕時就立下雄心壯志，要在科學研究方面有所成就，因此他希望得到父親的支持和幫助。但是他的父親卻希望伽利略能成為一名出色的商人。二人之間的分歧和矛盾就此產生。伽利略並不想屈從於父親的意志，他想用真誠去打動父親的心。

一天，他對父親說：「父親，我想問您一件事，是什麼促成了您和母親的婚事？」

「我愛上她了。」

伽利略又問：「那您有沒有娶過別的女人？」

「沒有，孩子。家裡的人要我娶一位富有的女士，可我只鍾情你的母親。」

伽利略說：「您說得一點也沒錯，您不曾娶過別的女人，因為您愛的是她。您知道，我現在也面臨著同樣的處境。除了科學以外，我不可能選擇別的職業，因為我喜愛的只有科學。別的對我而言毫無用途也毫無吸引力！難道要我去追求財富、追求榮譽？科學是我唯一的需求，我對它的愛有如對一位美貌女子的傾慕。」

父親說：「像傾慕女子那樣？你怎麼會這樣說呢？」

伽利略說：「一點也沒錯，親愛的父親，我已經十八歲了。別的學生，哪怕是最窮的學生，都已經開始考慮自己的婚事了，可是我從沒想過那方面的事。我不曾與人相愛，我想今後也不會。別人都想尋求一位標緻的女子作為終身伴侶，而我只願與科學為伴。」

父親似乎有所感，但始終沒有說話，依舊仔細地聽著。

伽利略繼續說：「親愛的父親，您有才幹，但沒有力量，而我卻兼而有之。為什麼您不能幫助我實現自己的願望呢？我一定會成為一位傑出的學者，獲得教授身分。我能夠以此為生，而且比別人生活得更好。」

說到這裡，父親為難地說：「可是我沒有錢供你上學。」

「父親，您聽我說，很多窮學生都可以領取獎學金，這錢是公爵宮廷給的。我為什麼不能去領一份獎學金呢？您在佛羅倫斯有那麼多朋友，並且您和他們的交情都不錯，他們一定會盡力幫助您的。他們只需去問一問公爵的老師奧斯蒂羅・利希就行了，他了解我，知道我的能力……」

父親被說動了：「嘿，你說得有理，這是個好主意。」

伽利略抓住父親的手，激動地說：「我求求您，父親，求您想個辦法，盡力而為。我向您表示感激之情的唯一方式，就是……就是保證成為一位偉大的科學家。」

伽利略說服了父親，最終，他實現了自己的理想，成了一位偉大的科學家。

現在，越來越多的父母感到很難跟十幾歲的孩子溝通。專家們提出了如下建議，可以幫助父母解除與子女之間的隔閡。

◆拉近親子關係

要做到良好的溝通，就必須拉近親子關係。下面的「親子關係新處方」值得父母們借鑑。

多從孩子的角度考慮問題，盡可能地讓孩子明白父母始終是關心和接納他們的。

除了學業成績外，每個孩子還可以在許多方面發揮潛能，拓寬發展的領域。

一個問題有多種解決方案，因此，不要因執拗於一種答案而與孩子發生衝突。父母要不斷地提高自己的情商、智商，自我開發各種潛能，放下面子，去傾聽各方面的教育經驗。

多採用遊戲、音樂、活動的方式培養親子關係。

此外，要拉近親子關係，就要對子女充滿信任。為此，父母要培養孩子的自信心，正確對待孩子的缺點，幫助孩子改正錯誤。多為孩子提供施展才能的機會，切忌傷害孩子的自尊心、自信心。

◆營造聆聽氣氛

父母要設法讓孩子覺得以某種方式處理某些事是很自然的，其訣竅就是讓家裡時時刻刻都有一種「聆聽的氣氛」。這樣，孩子一旦遇上重要事情，就會來找父母商談。要達到這個目的，其中一個好方法就是經常抽空陪伴孩子。如利用晚餐以後的時間，和孩子說說話，讓孩子覺得自己受到了重視。

巴西「怪腳」加林查是足球史上享有盛譽的天才，在很小的時候就顯示出了在足球上的天賦，並且取得了不俗的成績。

有一次，小加林查參加了一場激烈的足球比賽。賽後，夥伴們都精疲力竭，有幾位小球員點上了香菸，說是能解除疲勞。小加林查見狀，也要了一支。他得意地抽著菸，看著淡淡的煙霧從嘴裡噴出來，覺得很是愜意。這一幕正好被前來看望他的父親撞見。

晚上，加林查的父親坐在椅子上問他：「你今天抽菸了？」「抽了。」加林查紅著臉，低下了頭，準備接受父親的訓斥。

但是，父親並沒有這樣做，他從椅子上站起來，在屋子裡來回地走了好久才開口說話：「孩子，你踢球有幾分天賦，如果你勤學苦練，將來或許會有所成就。但是，你應該明白足球運動的前提是必須擁有良好的身體素養。今天你抽菸了。也許你會說，我這是第一次，我只抽了一支，以後不會再抽了。但你應該明白，有了第一次便會有第二次、第三次……每次你都會想：僅僅一支，不會有什麼的。但天長日久，你就會上癮，你的身體就會漸漸不如從前，而你最喜歡的足球就會因此離你遠去。」

父親頓了頓，接著說：「作為父親，我有責任教育你向好的方向努力，也有責任制止你的不良行為。但是，是向好的方向發展，還是向壞的方向滑去，主要取決於你自己。」

說到這裡，父親問加林查：「你是願意在煙霧中損壞身體，還是願意做個有出息的足球運動員呢？你已經懂事了，自己做出選擇吧！」

說著，父親從口袋裡掏出一沓鈔票，遞給加林查，並說道：「如果你不願做個有出息的運動員，執意要抽菸的話，這些錢就作為你抽菸的費用吧。」說完，父親走了出去。

小加林查望著父親遠去的背影，仔細回味著父親那深沉而又懇切的話語，不由得掩面而泣。過了一會兒，他止住了哭泣，拿起鈔票，來到父親的面前：「爸爸，我再也不抽菸了，我一定要做個有出息的運動員！」

從此，加林查訓練得更加刻苦，在一九七〇年代的球壇上成了一代風雲人物，為巴西足球帝國的建立做出了卓越的貢獻。

◆學習平行交談

父母用「平行交談」的方式跟青春期的子女談話，往往能引起熱烈回應。「平行交談」是美國《用心去教養子女》(*Parenting By Heart*)一書的作者羅恩．塔費爾提出的，其意思是父母與子女一面交談一面做些普通活動，但是重點要放在活動上，而不是談話的內容，雙方也不必互相看著對方。這種非面對面的談話方式會讓父母和孩子都感到輕鬆自在。

父母與孩子的談話內容，最好是一些關於如何求知、做事、共處、做人等方面的內容。在交談中，還要注意從事情到關係、從事情到感情、從一般到特殊等原則，從而使孩子與父母的關係更為親密融洽。

◆只做孩子的顧問

父母提出的意見，即使是好意見，大部分青少年也不喜歡聽。因此，父母應當做孩子的顧問、盟友，而不要做經理人。顧問只會細心聆聽，協助抉擇，而不會插手干預。一位心理學家說：「父母應該協助子女仔細檢討整個事件。青少年往往能自行想到令人拍案叫絕的解決方法。」

◆讓孩子有自己的空間

青少年需要感到自己的生活並非完全受父母控制，所以，父母要讓孩子有自己的空間。因此，父母千萬不可擅入孩子的房間。《跟孩子說話的技巧》(*How to Talk So Kids Will Listen & Listen So Kids Will Talk*)一書的作者阿黛爾．法貝爾說：「很多父母不明白的是，儘管孩子想避開父母，卻不希望父母也那樣待他們。」所以，父母要盡量給孩子空間，但不要凡事都避開他們。

◆把說的話寫下

有些專家建議，父母把不想直接向子女說出的或不中聽的話寫下來要比說出來更有效果。有個家庭關係顧問說：「一般人都認為白紙黑字更加可信，而且可以一看再看。」把話寫下來，話的分量也會增加。

◆不要無所不問

父母提問過多，很難使孩子講真心話。心理學家麥可．里拉說：「青少年通常不會把太多關於自己的事告訴父母，如果你的孩子也是這樣，你應該把孩子告訴你的任何事情都視為禮物，加以珍視。」

家長在與孩子溝通時，必須要坦率，遇事要不斷與其協商，而且還要不時重新界定與孩子間的關係。父母若能做好上述各點，就能做到與孩子良好順暢地溝通。

父母與孩子的關係雖然親密，但對孩子說話也不能太過隨便。父母是孩子的第一任老師，父母的言行無時無刻不在潛移默化地影響著孩子。因此，父母在與孩子交談時應特別注意自己的措辭與方式。

不僅如此，父母對孩子說話時也要有所忌諱，概括起來，主要有以下幾點：

◆忌說損傷話

有些性格急躁的父母，恨鐵不成鋼，動不動就對孩子冷嘲熱諷，說出一些貶低孩子的話語。如「你這個笨蛋」、「一點出息也沒有」、「活著幹什麼，還不如死了」、「你怎麼不像你姐姐？她每科都拿滿分！」等。這樣的話語，無疑會把孩子的自尊心傷害殆盡。

許多家長沒有意識到自己給孩子造成了不良的影響，讓孩子一直有不安的情緒。孩子們在聽到此類言語時，反應往往是：第一，覺得遭到了貶低，認為自己一無是處甚至沒有希望；第二，遠離人見人愛的哥哥或姐姐；第三，為沒人喜歡自己而憤憤不平。長此以往，會對孩子的心理造成極大的負擔，甚至會導致孩子做出一些極端的事。

更為恰當的表達應該是：「我知道你擔心自己的成績不如姐姐好。但我要你記住，你們各有所長，各有惹人疼愛的優點。」

◆忌說命令話

有些父母在孩子面前耍威風，不讓孩子有主見。有的家長一味限制孩子，什麼也不准，一張口就是下禁令。例如：「放學後不准跟同學玩，不准到同學家裡去，不准把同學帶回家裡來。」「你每天除了讀書，別的什麼也不許做。」如果孩子長期生活在命令中，慢慢地就會變得遲鈍，繼而失去創造力。

◆忌說氣話

如今仍有相當多的父母用打罵的手段來管教孩子。打罵孩子的時候，氣憤至極的父母還經常說類似「打死你」這樣的氣話，殊不知，這樣做除了會降低父母的威信，不會有任何實際的效果。因為當父母說這句話時，代表他們再也拿不出什麼好辦法了。

有時孩子的一些行為確實會令家長怒不可遏，從而產生非懲罰他們不可的念頭。但如果家長真的付諸行動，往往會造成更壞的結果。此時，家長們不妨先冷靜下來，有理有據地進行勸導，讓孩子打從心底認同你的說法，從而不再犯相同的錯誤。

◆忌說侮辱話

有些父母不了解孩子的心理，當發現孩子有什麼「不端」行為或者思想時，就認為孩子是大逆不道，還沒等弄清情況，僅憑主觀臆斷，就責罵孩子，甚至說出一些不堪入耳的話。要知道，這會嚴重傷害孩子幼小的心靈，甚至造成難以磨滅的陰影。因為孩子看待世界的角度和處世方式與成人有異，所以父母在與孩子交談時，千萬要先弄清原委，不要說侮辱孩子的話。

◆忌說埋怨話

孩子犯錯之後，會感到很無助。「我怎麼會這樣？我真傻。」他會後悔當初沒聽從父母的話。所以當孩子犯了錯誤以後，父母千萬不能說：「我早就跟你說過會這樣。」因為一旦說出這種話，孩子的無助就會變成自衛。無論是出於反抗父母輕蔑的語氣，還是出於擺脫自視蠢笨的自卑，他們都會開始辯解。最終，他們要麼在絕望中屈服，要麼在憤怒中反叛。很明顯，無論是哪一種都不利於孩子成長。

較好的表達方法應該是這樣對孩子說：「你試過自己的方法了，可惜沒成功，對嗎？真為你難過。但我也是這麼過來的，所以你不要否認自己，只要積極改正錯誤，努力彌補過錯，保證下次不會再犯，你就是好孩子。」

◆**忌說欺騙話**

有些言行不一的父母，言不行，行不果。久而久之，孩子就再也不相信父母了。所以父母千萬不能為了應付孩子一時的任性而輕易許下諾言，如：「聽媽媽話，明天做好吃的、買漂亮衣服」，「好好念書，考出好成績就給你零用錢」。這些話不落實，比不說的後果還壞。所以，在做出承諾之前，一定要謹慎，確定自己能做到之後，再向孩子許諾。

◆**忌說溺愛話**

現在獨生子女越來越多，父母溺愛子女的現象也越來越嚴重。就算遇到孩子任性，要一些不切實際的東西，多數家長也會說「好，現在就買給你」。甚至，有時候沒有達到孩子的要求，遭到孩子的謾罵，家長也會一笑了之。要知道，這些話語和行為很容易讓孩子養成各式各樣的壞毛病。所以，家長應從少說溺愛孩子的話開始，學會用得體的語言教育孩子。

第十二章

一句話開啟局面

多說「我們」少說「我」

多說「我們」，可以縮短你和別人之間的心理距離，能促進彼此之間的感情交流。

一次酒會上，有位事業有成的先生演講了三分鐘，有人統計了一下，在這三分鐘內，這位先生總共說了三十六個「我」。聽起來，他的話語中除了「我」，就是「我的」，就像「我的花園」、「我的公司」等。一位與他相熟的朋友，走到他的面前，對他說：「朋友，我覺得你可能會失去所有的員工。」

他納悶地問：「我的員工都在公司好好待著呢，我沒有失去他們呀！」

朋友說：「難道員工和你的公司沒有關係嗎？」這位先生聽到這句話後直接愣住了。

我們經常看到記者這樣採訪：「請問我們這項工作……」或者「請問我們廠……」演講者多使用「我們是否應該這樣」或「讓我們……」這種表達方式。事實上，這樣說話往往能讓對方覺得和你的距離接近。因為「我們」這個詞，也就是要表現「你也參與其中」的意思，所以聽起來和緩親切。

人的心理是非常微妙的，同樣是和人交談，但有些人的說話方式會令他人反感，有些人的說話方式卻會令他人感到愉悅。例如：演講時說「你們必須深入認識這個問題」，便將聽眾和演講者的距離推遠了，使得聽眾沒辦法與演講者產生共鳴。假如改為「我們最好再做更進一步的討論」，就會大大縮短與聽眾之間的距離，使氣氛活躍起來，產生共鳴。因此，會說話的人在語言交流中，總會盡量避開「我」字，而用「我們」開頭。以下幾點建議可供參考：

◆盡量用「我們」代替「我」

大多數情況下，最好用「我們」一詞代替「我」。如：「我建議，今天下午……」可以改作：「今天下午，我們……好嗎？」

◆必須用「我」字時，以平緩的語調講

必須用到「我」時，要注意語調平緩，不可讀成重音，不可拉長語調；同時，目光要平和，表情不可浮誇，神態不可得意。將重心放在要說的事情上面，不突出自我，以免讓對方感覺你高傲或者有吹捧自己的嫌疑。與人交流時，過多地說「我」或者強調自我的人，給人一種標榜自我、驕傲自大的印象，容易引起對方的反感，很難獲得別人的認可。

這樣安慰別人很有效

人生不如意的事情總是很多，有人失業，有人失戀，有人離婚，有人生病，還有人遭遇意外。如果是我們身邊的親友遭遇了這些不幸，我們一定要及時給予他們安慰和幫助。在安慰他人的時候，要注意方式方法，要用恰到好處的語言和適宜的方法讓遭遇不幸的人體會到我們的關心，千萬不要因為安慰的方式不得體而讓他人覺得我們是在幸災樂禍。

安慰別人的技巧就在於讓對方發洩出來。你可以作為一個傾聽者，等他說完了，問問他：「你需要我怎麼做？」或者是「我該怎麼幫你？」這類話最有安慰效果了。在傾聽的同時，還可以順應著他的感受來回答，表達自己對他的關心，並鼓勵他說下去。這種時候，不要急著指導他該怎麼做，指手畫腳地出主意並不是隨時隨地都適用。正確的做法是，你要等他傾訴完之後詢問時，再給出合理的建議。

不要爭到贏

日常生活中，總是會有人為了一些事計較，一言不合就吵架。對於某個觀點堅持己見，你一言我一語，開始無休止的辯論，進而矛盾激化，愈演愈烈。

小蘭和小倩在婚紗店幫即將結婚的好朋友挑婚紗。兩人各自選了一件自己認為適合新娘的婚紗。

小蘭說：「我覺得這件白色婚紗簡單又大方，最適合妳！」

小倩卻說：「什麼呀，這件黃色的婚紗才與眾不同，妳這是什麼品味啊！」

小蘭反駁道：「我的品味低？挑婚紗要挑適合的，光裙子本身好看有什麼用，妳才是什麼都不懂呢！」

小倩頓時氣不打一處來，想想自己可是學服裝設計的，怎麼能忍受一個不知道什麼是設計的人說自己品味不如她呢……

她們開始爭論品味高低，你一言我一語地開始吵架，在一旁的新娘十分尷尬。新娘本來歡歡喜喜地請兩位好朋友幫自己挑婚紗，誰承想這兩位女孩卻吵得面紅耳赤，讓新娘不知如何收場。

日常生活中這樣的例子不少見。遇事愛辯論，不僅會給自己帶來不愉快，還會給他人帶來傷害，實在不值得。

這些人，其實就是想在氣勢上戰勝對方。想贏，說得就多，說得多就避免不了要吵架。奉勸各位不要意氣用事和對方爭執，這有礙溝通的繼續。

哈里是個讀書不多的年輕人，他有個討人厭的毛病就是愛辯論。他去推銷卡車，但是總不成功，於是向經理求助。經理聽了哈里自己的敘述，發現他老愛跟顧客爭辯。如果顧客挑剔他的車子，他總是面紅耳赤地反駁。最後他確實取得了爭辯的勝利，但是沒有留住顧客。經理對哈里說：「你的第一個難題不在於怎麼說話，而是要克制自己，避免和顧客爭執、發生口角。」

後來哈里成了他們公司有名的業務員。他成功的祕訣是什麼呢？這是他的推銷策略：

「如果我跟顧客推銷我的車子，而對方說：『什麼？你這個牌子的車我不喜歡，白送給我我也不要，我要的是其他牌子的車。』我會說：『老兄，有些牌子的車確實不錯，買他們的車確實也沒什麼大問題，你可以試試。』這樣對方反倒無話可說了，沒有挑剔的餘地。如果對方說什麼牌子的車最好，我會誇讚他的眼光確實不錯，他總不能在我同意他的意見後還繼續反駁我吧！他不說話，我就開始介紹我的車子。

回想以前，我如果聽到拒絕的話，有人當面誇其他車子好，我早就氣得要跟他理論，我會挑對方說的其他車子的毛病，他越說好，我就越挑它的毛病。我們爭辯激烈，基本上就沒什麼時間推銷我的車子了，車子就賣不出去。現在想想當年的自己，真覺得自己完全不會幹推銷。以往我把時間都花在了辯論上，現在我閉口不說，微笑帶過，果然很有效。

如果你老是要辯、反駁別人，也許你會偶爾勝利，但那並不是真正的勝利，因為對方永遠不會對你有好感，你也賣不出去車。」

絕大部分辯論的結果都會使雙方陷入無休止的爭吵。若是一直辯論，不管結果是贏了還是輸了，你最終都是輸了。因為對方因自尊心受到了傷害，會產生不快。這不但不能讓他對你真正口服心服，還可能會打破目前和諧的氣氛。

曾經有位非常優秀的飛行員，他在一個月內飛行半個世界的壯舉震驚世界，並受到澳洲政府五千美元的嘉獎，英王也授予他爵位。可是就在同時，他也得到了一個很大的教訓。

那天晚上，飛行員參加了一個慶功宴。宴席中，坐在飛行員旁邊的一位先生講了個幽默故事，引用了一句話，並且補充說，這句話出自《聖經》。

飛行員一聽就知道這位先生錯了，立刻糾正他。結果，那位先生生氣地反問道：「什麼？出自莎士比亞？那絕對不可能，我很肯定那句話就是出自《聖經》！」

兩人爭執不休，決定問參加宴會的一位一直研究莎士比亞著作的學者法蘭克，看究竟誰對誰錯。飛行員很得意，以為自己就要勝出了。可是沒想到，法蘭克卻對飛行員說：「你錯了，這位先生是對的。這句話就是《聖經》裡的句子。」

在宴會結束後，飛行員迫不及待地問法蘭克：「夥計，為什麼？你明明知道那句話出自莎士比亞。」

法蘭克回答說：「這句話出自《哈姆雷特》第五幕第二場。可是親愛的朋友，你為什麼一定要證明他錯了？那樣會使他喜歡你嗎？他並沒有問你任何意見呀，你為什麼非要和他爭論呢？這對你有什麼好處？」

若是法蘭克沒有及時制止他，恐怕大吵一架是在所難免的。很多時候不吵架很容易，不搶快、讓別人先說，以此營造和諧的談話氛圍，這不是很好的方法嗎？

少說「拆臺話」

聊天的時候經常會聽見別人說：「誰誰誰老愛拆我的臺，我真的被他煩死了！」為什麼大家都不願聽到這樣的話呢？

一般「拆臺話」都是當事人由於說話方式的不恰當，或者不注意表達方式，而引起他人誤解或者產生歧義，進而導致好事變壞事，或者好心辦壞事的情況。

毛凱所在的公司是業內知名的廣告公司。毛凱是一位資深的平面設計師。跟他一個組一起工作的還有大兵、小靜和新來的年輕人小林。

一次，一位客戶想讓毛凱把自己在別處設計的圖片，按照現在的要求合成到一起。由於客戶帶來的原始圖片無法編輯，跟他現在的要求尺寸又相差甚遠，想要放在一起的話就需要重新設計，處理起來會非常麻煩，成本自然就高了。而在客戶的話裡話外，毛凱又聽出客戶並不想出設計費。

為了不直接得罪客戶，權衡之下，毛凱就跟那個客戶說：「這樣的圖片我們這裡沒有分層的大圖，做不了。」

本來客戶已經打算聽從毛凱的建議，採用另一種方法了，沒想到坐在毛凱旁邊的小林突然插了一句：「凱哥，這樣的圖片我們能做啊，上次我還見到你電腦裡有這個？」

聽了小林的話，那個客戶就以為毛凱是故意找藉口想惡意加價，氣憤地摔門離開了，搞得毛凱非常難堪。

還有一次，有個客戶想要做個QR碼的標牌。給客戶做QR碼的話一般都是用三百克的銅版紙，但是不巧那天做QR碼的銅版紙沒有了，客戶又急著用。毛凱就想彩噴紙效果也是一樣的，無非是稍微薄一點，就打算用彩噴紙代替銅版紙。

小林坐的位置離彩噴紙比較近，毛凱就讓小林幫忙拿一下空白彩噴紙。小林一邊把彩噴紙遞給毛凱，一邊說：「彩噴紙列印QR碼不薄嗎？」搞得毛凱非常尷尬，好像他在以次充好一樣。幸虧毛凱及時向客戶解釋，才避免誤解。

因為小林經常無意間說一些「拆臺話」，令跟他合作的同事「下不了臺」，大家都不願意跟他共事，慢慢地，小林就成了「孤家寡人」。

其實，說「拆臺話」的人很多都是無意的，是由於自己說話方式不正確，或者是沒有真正了解事情的真相，就著急說話。

像文中這個「多嘴」的小林，就屬於無意的那種。這種人本身並無惡意，甚至可以說是「好心提醒」。但他卻不知道，自己的「好心提醒」卻讓自己的同事陷入了兩難的境地。

人們向來不喜歡「不請自來」的提醒，即使這種提醒是對的。因為每個人說話都有自己的立場跟觀點，在你這裡是對的，到了他那裡就可能是錯的。

所以，此類人需要做的第一件事就是先傾聽、不說話或者少說話。不管是對上、對下，對內、對外，話要說對，得先懂得「聽」。只有了解了事情的原委，才能真正理解說話者的意圖。

任何與當時環境或特定說話者的意圖不符的話，我們都稱之為「拆臺話」。不管是真話、假話、玩笑話、空穴來風的還是有事實依據的話，都不能隨便說。關鍵時刻千萬別自作聰明，去做捅破最後那層窗戶紙的人。

讓你的演講吸引人

也許你是個害怕演講的人。每次碰到上級或是老師叫你上臺講幾句，你就會緊張得滿臉通紅，半天也憋不出一句話；或是你說了一大堆，聽眾卻不明所以。沒關係，下面就告訴你一些提升自己演講魅力的技巧：

1. 幽默讓共鳴更強烈

演講者獨自站在主席臺上，下面的聽眾則像欣賞文藝作品般等著演講者的演講。演講者和聽眾之間的距離不言而喻。想要消除這種距離，幽默是行之有效的方法。一個演講者在自己的話語裡加入一些幽默詞句，會讓聽眾在大笑中和自己靠得更近。

演講中的幽默應該和主題相關。不要只是為了博取聽眾的笑聲而加入不相干的笑話，這樣很容易分散聽眾的注意力。如果能在不偏離主題的情況下加入有趣味的話題，就更容易吸引聽眾，這樣你便掌握了主導聽眾注意力的主動權。

2. 用真誠打動聽眾

感人心者莫外乎情。唯有熾熱的情感，才會使「快者掀髯，憤者扼腕，悲者掩泣，羡者色飛」。演講中如若能用真誠打動聽眾，就能帶給聽眾心靈的震撼。

一個演講者如果講話華而不實，只追求辭藻的華麗，那麼開出的只會是無果之花。若缺乏真摯而熱烈的情感，只是用「人工合成」的感情，雖然能欺騙聽眾的耳朵，卻永遠得不到聽眾的心。若要使人動心，必先使己動情。著名演講家李燕傑說：「在演講和一切藝術活動中，唯真情，才能使人怒、使聽眾信服。」所以說，真誠是演講動人的最好技巧。

一天，有一位在美國獨立戰爭時陣亡士兵的遺孀——一位年邁的寡婦，蹣跚地走到林肯的律師事務所，泣訴政府某位行政官員在她領取四百美元撫卹金時，竟苛索她兩百美元的手續費。林肯聽後非常氣憤，決定立刻對那位行政官員提起訴訟。

為了在法庭上取勝，在做準備時，林肯特別研讀了華盛頓的傳記和美國獨立戰爭史。在開庭那天，他先追述了當初美國人民受到壓迫，激起了愛國志士對民族解放的熱情，最後群起為自由而戰的歷史。他描述了他們所經歷的艱難困苦，包括如何克服天氣嚴寒的困難，走過冰天雪地的荒蕪地區。

接著他突然怒責那位行政官員，痛斥他竟敢剝削當年為國捐軀的一位士兵遺孀的半數撫卹金。他目光怒視著被告，情緒十分激動。

在訴訟辯論即將結束時，他大聲疾呼：「時代向前邁進，一七七六年的英雄已經死去，並被安頓在另一個世界。在座的證人、先生們，那位士兵已經安逝長眠。而現在他那年老、衰微、又跛又盲、貧困無依的遺孀卻來到你我的面前，請求為她求取公平，請求同情的幫助與人道的保護，我們這些享受革命先烈爭取到的自由的人難道不應該義無反顧地給予她足夠的幫助嗎！」

林肯的這番話，不僅感動了法官，陪審人員的眼中也含滿了淚水，最終訴訟得到了壓倒性勝利。

在演講中，唯有真誠的情感，才能產生深刻的影響，才能喚起大眾的共鳴，才有震撼人心的力量。美國有個小說家說得好：「熱情是每位藝術家的祕訣，而每位演講家都應當是一位藝術家。」情不深，就很難得到別人發自內心的、完全的贊同。

演講者在表達自己的真情實感時，必須要平等待人、虛懷若谷，說出的話語才能如滋潤萬物的甘露，一點一滴地流入聽眾的心田。而居高臨下、盛氣凌人，經常以教育者身分自居的人，不但無法與聽眾交心，更無法打動聽眾。

3. 用優雅端莊為演講加分

一名演講者，如果擁有良好的禮儀和風度，則更容易受到聽眾的歡迎。演講若想吸引聽眾的注意，必須要搭配恰當而得體的禮儀，如此才能真正地打動聽眾，從而征服聽眾的心。

一個人的氣質和風度不是天生的，而是在後天培養中獲得的。所以要想讓自己擁有獨特的氣質與迷人的風度，就要著意培養自己，這樣才能不斷提升自己的氣質，讓自己擁有君子的風度。

尼克森在其著作《領導者》一書中，有一段對一九五四年六月英國首相邱吉爾訪美的描寫：

「飛機艙門開啟了，過了一會兒，邱吉爾獨自出現在舷梯頂部，頭上戴著一頂珍珠灰的漢堡帽……他的助手們在他身後手忙腳亂地攙扶他，準備走下舷梯。他迅速地向下面掃視了一眼。當他看到歡迎的人群和許多照相機鏡頭時，便立即拒絕了任何人的幫助。他拄著手杖，開始緩慢地走下舷梯，直接朝著照相機鏡頭和話筒走去，開始發表抵達演講……演講結束，人們報以熱烈的掌聲。他亮了亮他那表示勝利的V字形手勢，然後大步走向那輛黑色林肯牌敞篷汽車……」

事後尼克森回憶道，他很驚奇這位不久前患了中風，且剛剛從橫跨大西洋飛了一夜的飛機上下來的七十九歲的老人竟能如此注重禮儀與形象。

科學家的研究顯示，人們接收的資訊絕大多數都來自視覺形象。所以，演講者的姿態和動作就代表了他的形象。它作為一種非語言的溝通方式，有著十分重大的意義。它能輔助有聲語言更準確、更有效地表情達意，也能使聽眾形成一種動態的印象，從而引起更廣泛更深刻的注意。這樣一來，就能有效減少由於單調而帶來的疲倦感。

演講中若想保持優雅的禮儀，一般來說應該在以下幾個方面多加注意：

從站立的姿勢看，一般提倡丁字步：兩腿略微分開，前後略有交叉，身體的重心放在一條腿上，另一條腿產生平衡作用。這樣不會顯得呆板，既便於站穩，也便於移動。

手勢的運用在演講中也有著非常重要的作用，能達到語言實現不了的效果。而手勢的運用是否恰當，將會直接影響到演講的效果。手勢在演講中的運用有多種複雜的含義：手向上、向前、向內往往表達希望、成功、肯定等積極含義；手向下、向後、向外，往往表達批判、蔑視、否定等消極含義。所以，手勢的運用一定要得體、有度。

令人眼花撩亂的手勢只會顯露出自己的慌亂，不會有其他任何好的作用和意義。不要以為把手呆板地貼在身體上是可笑的，世界上最可笑的是說話時無節制地揮動手臂。另外也有人認為，有說服力的手勢是根據演講中帶有情感的聲音而定的。如果演講者一開始就頻繁地運用手勢，那麼很快就會使人厭煩，手勢反幫了倒忙。

此外還要注意的是，演講者的服飾對演講效果也有一定的影響。俗話說「人靠衣裝馬靠鞍」，演講者的服飾，對樹立演講者的形象有著十分重要的作用。

服飾過於隨便，不僅會破壞演講者在聽眾心目中的形象，而且聽眾也會覺得你不禮貌，不尊重他們，演講的效果自然不會好。

所以，演講中擁有適當的舉止和良好的禮儀，定能為你的演講加分不少。

4. 妙用名言警句

名言和警句是對生活哲理的概括，一方面反映出人對生活的認知，另一方面也反映出人對生活的態度。一個沒有生活體驗的人是無法恰如其分地使用名言警句的。

一句觸動心弦的話，可能會改變一個人一生的命運；一條恰到好處的名言警句，會為一場精采的演講錦上添花。

演講是對一個人的口才全面而綜合的考驗，巧用名言警句能為演講增輝添彩。

在演講中引用名言是利用了人們崇拜名人的心理。而且，名言一般精粹洗練、寓意深刻，蘊含豐富的哲理，能產生畫龍點睛的作用。陸機在〈文賦〉中說：「立片言而居要，乃一篇之警策。」也就是說，在文章的關鍵處用一句或幾句警句來點明題旨，是最容易打動人的。

但要注意的是，使用名言和警句應該從演講中的人、物、事中自然而然地引出，要運用得當。不能只是為了講出某句名言而講名言，故意賣弄只會適得其反。

名言的運用，只有經過自己的思索並將其化為有血有肉的東西，才能顯出勃勃生氣，才可以給演講增輝，如果引用得不貼切，就很容易給人留下譁眾取寵的印象。

名言警句對於深化演講主題有著重要的作用。在演講中引用名言警句應該注意以下幾個方面：

- 要引用原文，不要以訛傳訛；
- 要全面領會原文，不要把意思搞錯；
- 要說明原文是誰說的，不要張冠李戴；
- 少用「據權威人士說」；

- 引用「受歡迎的」名人的話；
- 引用當地名人的話。

和名言警句一樣，寓言典故也具備言簡意賅、內涵深刻的特徵。在相同的境況下，運用寓言和典故也是很有說服力的。

古人就經常用寓言表述自己的觀點。

梁惠王曾問孟子：「我對治理國家可謂費盡心機，鄰國沒有一個君主像我這樣對待百姓的，可為什麼鄰國的百姓不見少，我的百姓不見多呢？」

孟子說：「大王喜愛戰爭，讓我用戰爭做比喻吧。兩軍交戰的時候，有兩個士兵棄甲而逃，一個跑了五十步就停下來了，另一個跑了一百步才停下來，因為自己跑了五十步就笑話跑了一百步的人對不對呢？」

梁惠王說：「不對，跑五十步也是逃跑啊！」

孟子說：「大王如果懂得了這個道理，那就不要希望你的百姓增加了。」

孟子批評梁惠王的意思已經很明顯了，他想說的就是：你梁惠王的「政績」與別的君主沒有什麼大的差別，老百姓在哪裡都是一樣的。

英國有一位爵士，在某次晚宴上，發表了一篇輕鬆的演講，他在結尾說道：「你們回去之後，寄一張明信片給我。即使你們不寄，我也要每個人寄一張，而且你們很容易猜到是我寄的，因為我在上面不貼郵票，我將在上面寫著：『季節自來自去，萬物按時凋零，唯有我對你們的仁愛，永遠像鮮花般豔麗芬芳。』」

用一首詩來結束這篇輕鬆歡快的演講，既增添了宴會的歡樂，也增進了賓主之間的友誼，真是別有一番情趣。但若一篇嚴肅的演講結尾也引用這首詩，就會顯得不倫不類。所以在演講中，不管是引用名人名言，還是詩詞佳句，一定要用得恰當。只要把握好這個度，你所引用的名言警句自然能為你的演講錦上添花。

以巧妙的話語讓目標更快實現

在我們仰望理想、目標時，總是想到要努力，踏踏實實地朝目標前進。一旦機會降臨，便把握住機會實現自己的目標。但是你是否設想過用一種更巧妙的方法?這裡的巧不是偷工減料，也不是投機取巧，而是適當的幽默和詼諧，這可以讓你更快實現目標。

美國有位陸軍上校，自幼就一直夢想能進西點軍校深造，因為那裡是將軍的搖籃，有士兵夢寐以求的求學環境。套用拿破崙的一句話就是「不進西點軍校的軍人，不會是好軍人」。

這位陸軍上校高中畢業那年，正巧遇上全球爆發經濟危機，而學校又剛好是免費入學，因此更多人想進校學習。但要擠進這所學校可不容易，非得有權威人士的推薦不可。

然而，這些條件他都不具備。

不過，為了圓自己的夢想，他親自拜訪了幾位權威人士，並對他們說：「假如您是一個從小就夢想進入西點軍校的人，您會怎麼做？」

這句話相當具有說服力，讓這些權威人士積極地向西點軍校推薦他，他終於如願以償，並且成就了一番事業。

事實上，如果他直接對每個人說：「請幫我寫封推薦函。」那麼也許他第一次找人幫忙時就會吃閉門羹。

切記，要說服他人，就要先找出對方關心或在意的事情，並且讓對方和你產生共鳴，這是第一步。

然後再觀察對方熱心的程度，探知對方的想法，最後讓他了解並支持你的行動，這是第二步。只要能完美走完這兩步，一切問題都能迎刃而解。

人的大腦運作和處理語言的過程都有一定的慣性，利用這種慣性，在一系列只能用「是」來回答的問題中，隱藏一個你想要他回答的問題，這樣就能得到你所要的回應。

某家公司有兩位替老闆開車的司機，由於公司要精減人員，所以必須裁掉其中一個，於是兩人開始了競爭，向老闆陳述自己需要這份工作的理由。第一個司機大概講了十來分鐘，說：「我將來要是還能開車，一定把車收拾得非常乾淨俐落，遵守交通規則，更會保證老闆的安全，一定要做到省油……」而第二個司機只用了不到三分鐘就結束了陳述。他說：「我過去遵守了三條原則，現在我還在遵守這三條原則，如果今後用我，我還將繼續遵守這三條原則。第一，聽得，說不得；第二，吃得，喝不得；第三，開得，使不得。我過去這樣做，現在這樣做，今後還會這樣做。」

在老闆的心目中，這個司機顯然更適合這份工作。為什麼呢？因為「聽得，說不得」是指：老闆坐在車上研究一些工作，往往都是保密的，司機只能聽不能說，說了就是洩密。「吃得，喝不得」的意思是：司機要經常陪老闆到這裡開會，到那裡參觀，最後總得吃飯，但是千萬不能喝酒，這就是保護老闆的生命安全。而「開得，使不得」就是：就算老闆有不用車的時候，司機也絕不能為了一己之利私自開車，要做到公私分明。這樣懂分寸的司機誰會不用？而將這種分寸表達出來，為自己贏得一份工作，這不就是會說話的效力嗎？

人的一生都在不斷說話與傾聽，關鍵時刻需要你站出來講幾句的時候，一定不能「掉鏈子」，否則，不僅會影響你的形象，而且有可能會斷送你光明的前途。

第十三章 學會察言觀色

說話一定要謹慎

「良言一句三冬暖，惡語傷人六月寒」，話語好比一把雙刃劍，既可能贏得人心，也可能傷害人心。掌握好說話的分寸很重要，一旦分寸沒有掌握好，那不僅會讓聽我們說話的人覺得刺耳，也會讓我們自身的形象一落千丈。

口才是一個人的第二面孔，是一個人成功、成才的關鍵。完全可以說，說話能力是一種本領，更是每一位現代人的無形資產之一。語言溝通是人際關係中不可或缺的一部分。口才是交際表達的核心，如何說話、說什麼話，決定了你的交際效果。同樣的意思，用不同的語言、不同的方式去表達，會取得不同的效果。

所以在社交場合，說話一定要謹慎，要根據不同的場合、情景說不同的話，不該說的話一定不能說。說話免不了會有失誤的時候，不管是有心還是無意，造成的後果卻是相似的，輕則貽笑大方，重則引起糾紛，甚至造成無法收拾的後果。

1. 別肆無忌憚地說出你自以為是的想法

生活中，我們接觸的資訊都是有限的，同時也喜歡根據有限的資訊去判斷並形成想法，在資訊殘缺不全時，就會形成偏見。

那麼，怎樣才能避免這些偏見，從而讓自己表達的觀點被人接受呢？我們看看那些領導人的表現就知道了。經驗豐富的領導人，當別人進行討論時，他們都是一言不發，等大家把想說的話都說完了，他才接著發表意見，一般都會語驚四座，讓大家覺得自愧不如。其實，他們沉默時，並不是沒有想法，只是隱忍不言，而當聽完別人的討論後，他就知曉了每個人的想法，也掌握了最全面的資訊，從而做出最客觀的判斷和最理智的決策。這就是我們要借鑑的方法，即要充分掌握資訊、充分把握事情的全域性後再去發言，而不是搶著說那些自以為是的意見和想法。

2. 不可輕易洩漏你心底的隱私和祕密

隱私和祕密，很容易暴露自己的意圖和弱點。也許你會說，我只會對朋友說出隱私和祕密，其實這也是非常危險的。要知道，對方可能是你的朋友，但他朋友的朋友就很可能是你的對手了。

3. 不說那些不著邊際的話

倘若只是為了說而說，把家長裡短全部搬出來作為談資，議論完了也不清楚自己究竟說了什麼，這無疑是廢話，浪費時間不說，還會讓別人覺得你是個無聊的人，這種情況下，又何必要說？

俗語說：「逢人只說三分話」，還有七分話要爛在自己肚子裡，實在不必對他人和盤托出，要給自己留有餘地。

出門觀天色，進門看臉色

每個人都離不開交際，我們每天都需要跟各式各樣的人相處。語言表達是交際中重要的構成部分，人是交際中最重要的對象，良好的交際關係需要優秀的交際對象，而要了解自己的交際對象，不一定要透過交流溝通，透過穿著、肢體動作等一樣可以了解到一些個人資訊。在未開口交談前，要注意觀察和傾聽，了解更多有用的資訊。

「出門觀天色，進門看臉色」就是告訴我們要學會察言觀色，這是為人處世不可忽視的一條原則。獲知對方的情緒，就能與之和諧相處；知道如何與他人和諧相處，就能和對方心意相通；如果和對方心意相通，那麼接下來談論任何事件或話題，就很容易觀點一致了。如果每個人都善於察言觀色、懂得分寸，那麼人際交往一定會更加和諧。

從一個人的面部表情，可以洞察對方的內心想法，這樣可以把交際主動權牢牢地掌握在自己的手中。春秋時期的淳于髡便是個中高手之一。

梁惠王求賢若渴，廣招天下名人賢士，有位賓客向梁惠王推薦了淳于髡。梁惠王聽說淳于髡博學多才，就接連兩次召見他，為了能與他傾心相談，每次都將左右屏退。誰知淳于髡始終沉默不語，梁惠王覺得很難堪，便責問推薦人：「你說淳于髡有管仲、晏嬰的才能，哪裡是這樣？難道我在他眼裡是一個不值得談話的人嗎？」

推薦人聽了後也很納悶，於是就去質問淳于髡，淳于髡回答說：「的確是這樣。其實我也非常想與梁惠王傾心交談。但是第一次去的時候，梁惠王臉上有驅馳之色，我想他肯定是在想一些驅馳奔跑之類的事情，所以我就沒說話。第二次去的時候，看到他臉上有享樂之色，所以我想他一定是在想聲色一類的娛樂之事，所以我也沒有作聲。」

推薦人將淳于髡說的這些話轉述給梁惠王聽，梁惠王仔細回憶了一番後，發現事情果真像淳于髡所說的那樣。因而，他對淳于髡的識人之能表示嘆服。

從上面的故事能夠看出，一個人的面部表情可以傳達十分複雜且微妙的資訊，能夠讓你洞悉對方心裡的想法。我們能夠透過對方的面部表情進而捕捉對方的心理活動。

假如一個人感到羞澀或激動的時候，他的臉龐上通常會出現紅暈；而倘若生氣、氣憤或飽受驚嚇而十分緊張，臉龐就會發青發白。一個人緊蹙眉頭的時候，通常表示不同意或遇到煩惱、甚至是惱怒的事情；一個人的眉梢揚起的時候，通常表示對方遇到值得高興的事情或者極度驚訝；倘若一個人抖動眉毛，一般表示歡迎或強調語氣；如果一個人的眉毛先揚起，短暫停留後又耷拉下來，那麼就代表驚訝或悲傷的情緒。

如果一個人抿著唇角，通常代表和諧寧靜或自然端莊；倘若一個人的嘴巴半張，一般代表疑問、奇怪或者有些訝異的情感；如果一個人大張著嘴巴，一般表示驚駭；如果一個人的唇角揚起，通常表示喜悅、善意或有禮貌；如果一個人嘴角向下耷拉著，一般代表著悲傷、痛苦或無奈；如果一個人的嘴唇噘著，一般代表生氣或不滿；如果一個人的嘴巴繃得緊緊的，就代表著憤怒，下定決心或者對抗。

愉快的表情最常見的表現為：嘴角向後拉，面頰向上展，眉眼平舒，眼睛變小；不愉快時的表情表現為：嘴角下垂，面頰下拉，眉毛深鎖，呈「倒八字」狀。

在日常生活中，並非所有人都可以從一個人的面部表情猜到他人的內心在想些什麼，這種能力也需要長時間的觀察與實踐才能獲得。當然，這種能力絕非雕蟲小技，而是一種非常重要的人際交往本領。

不該說的話絕不說

人的一生總會遇到不平之事，受到不公正的對待，有些人會拍案而起，有些人會心懷不滿，大發牢騷。這似乎是人的本能，但這麼做的結果卻並不圓滿，有時甚至會引火燒身。他們忘記了一個簡單的道理：禍從口出。

一位張姓小姐是某公司的辦公室職員，每當同事就某些事情徵詢她的意見時，她說出的話總是不中聽，而且還總是不自覺地揭露他人的不足之處。

有一次，一個同事穿了一件新衣服。其他人都笑著誇讚「衣服漂亮」、「穿著合適」之類的話語，可是當那位同事詢問張小姐時，張小姐不經大腦地脫口而出：「妳身材太胖，這衣服不適合妳。這種顏色對於妳這個年紀的人來說也未免太嫩了。」這句話說出後，原本開開心心聊天的同事們集體不說話了，剛開始讚嘆衣服漂亮的人也顯得尤為尷尬。

張小姐太「耿直」了，她說的話可能沒錯，但卻是很多人都不愛聽的「大實話」。

張小姐也曾為自己說話討人嫌的毛病懊惱不已，然而她就是控制不住自己。時間一長，同事們都不願意和她交流了，更不會去主動詢問她對某件事的意見如何。張小姐自己也感覺自己受到所有同事的排擠，她不知道該怎麼辦才好。

有些人說話時不懂得掌握分寸，不經大腦脫口而出的話，總是會讓人在人際交往中處於不利地位。所以我們一定要謹記，在與人交流的時候，一定不能心直口快，即便是別人說錯了話或做錯了事情，你想要指正別人時，也要學會委婉一點，用合適的方式來表達自己的觀點，從而讓人更容易接受。

我們每天都要與不同的人打交道，一定要掌握說話的藝術，什麼話可以說或不可以說，要做到心中有數。有時候吃虧，就是因為說了不該說的話。

一個心理成熟、明白社交技巧的人應當知道在什麼時候該用什麼合適的方式說話辦事。實話並非一定要直說，也可以幽默地說、婉轉地說抑或延遲點說、私下交流而不是當眾說等等。同樣是講實話，用不同的方式描述，效果也會大不一樣。與人談話時要懂得委婉周全，假若口無遮攔、直來直去，往往會造成不良效果；如果學會八面玲瓏，則可以使人皆大歡喜。

另外，一定要注意言談舉止。說話有禮貌、態度恭敬的人更容易受人歡迎，而話語粗鄙、對人不敬的人，則令人生厭。與人恭敬，稱呼應當恰當，尤其是與陌生人溝通，一定要用合適的稱呼交談，正確、恰當的稱呼是對對方的尊重，也是自身修養的展現，有利於雙方關係的溝通和發展。

在現代社會，與人交流時，最好多使用禮貌交際語。在需要他人幫助或者麻煩他人時，不管在任何場合，我們最好把「請」字經常掛在嘴邊。比如「請留步」、「請用餐」、「請問」、「請原諒」、「請多多指教」、「請多多關照」等。在生活中多運用「請」字，會使話語變得有禮貌。

莫傷和氣

孟子講過：「天時不如地利，地利不如人和。」因此，商人總是笑臉迎客，以此達到人脈通暢、生意興隆的目的。

無論在商海還是在人海中，如果你不想被孤立，就要學會與人相處。為人處世的過程中難免與人發生口舌之爭，聰明的人知道以和為貴，盡量避免爭論，從而贏得別人的好感。

卡爾．羅傑斯是一名著名的心理學家。在《如何做人》(*On Becoming a Person*)一書中，他曾經這樣寫道：「我發現了解別人是非常有價值的。或許你們對於我為什麼會這樣說感到非常奇怪，懷疑我這樣做的必要性。然而在我看來，這是非常必要的。當我們在聽別人說話的時候，我們所做的就是評估和判斷其中的真假，但從來不考慮這些話的深層含義。」

這句話闡述的其實就是人們以自己為中心的表現，人們總是相信自己的做法是對的，所以在日常的生活中，會有各式各樣的爭論。而那些自認為正確的觀點，往往並不成熟也不全面。很多時候，人們重視的往往是那些雞毛蒜皮的小事情，而忽略了最重要的問題。

卡內基曾說過：「你贏不了爭論。要是輸了，當然你就輸了；如果贏了，也還是輸了。」在爭論中，並不產生絕對的敗者。因為十之八九的爭論結果都只會使雙方比以前更相信自己絕對正確，即使認識到了自己的錯誤，通常也不會在對手面前俯首認輸。

當然，並不是說在與人交流的過程中不允許爭論，而是在為人處世時，應和和氣氣，有損別人面子的事情盡量不要做，有損別人面子的話也盡量不要說。

歷史人物關羽，相信大家並不陌生。他是一個傳奇人物，一輩子戰功顯赫，但結局卻很悲慘，被呂蒙白衣渡江奇襲後方，兵敗地失，丟了腦袋。

為什麼關羽會有此敗呢?其根本原因就是蜀吳聯盟破裂，吳主興兵奇襲荊州。吳蜀聯盟之所以會破裂，有著複雜的原因，但與關羽的驕傲有著很大關係。

諸葛亮離開荊州之前，曾對關羽再三叮囑說：「一定要東聯孫吳，北拒曹操。」可是關羽卻對此表示不以為然，因為他很看不起東吳的孫權，也因此導致東吳和蜀國的關係一度極其緊張。關羽在荊州駐紮時，孫權也曾派遣諸葛瑾去聯姻，即為自己的兒子求娶關羽的女兒，以便加深吳蜀之間的感情，聯合抗曹。從各方面來說，這都是一件好事，但關羽自視甚高，認為孫權的兒子簡直是「癩蛤蟆想吃天鵝肉」，並且出言不遜：「吾虎女安肯嫁犬子乎？」所以聯姻失敗了。

關羽不僅不嫁女，還出口傷人，一般人受了這般氣，也都忍受不下，更何況位高權重的孫權呢？雙方的關係自此不再如從前。而關羽的傲慢導致了與盟友關係的破裂，最終葬送了自己的性命。

俗話說：「蚊蟲遭扇打，只為嘴傷人。」言語尖酸刻薄的人，只圖嘴痛快，往往會引來禍事。生意場上，原本沒有那麼多的矛盾糾葛，往往是因為有人愛逞一時口舌之快，說出傷人不利己的話，傷害了別人自尊，使人下不來臺，心中難免壓著一股火。等有了機會後反咬一口，也是情理之中的事。因此，只要不是違反根本原則、損害根本利益，萬事還是以和為貴，畢竟「人和人脈通」嘛！

北宋政治家韓琦大度容人的事蹟，一直傳頌到今日。他曾和范仲淹一道推行新政，並長期擔任宰相職位。

韓琦鎮守大名府時，有人送給他兩個晶瑩剔透、品質上乘的玉杯。韓琦很喜歡這兩個玉杯，贈給對方很多銀錢作為謝禮。每次韓琦宴請賓客，他都會使用這兩個玉杯。一次，大家互相勸酒的時候，一個官員不小心打碎了一個玉杯。當時在場的人都嚇壞了，那個不小心打碎玉杯的人更是嚇得呆住了，反應過來後更是跪在地上不斷地磕頭請罪。沒想到韓琦卻沒有生氣，他告訴大家沒有必要這樣，無論什麼事物都是有壽命的，這不是人為的錯誤。然後又勸慰那個趴在地上的官員，讓他不要往心裡去。

此舉足以證明韓琦的度量。事情已經發生不可挽回，況且犯錯之人又不是故意的，所以他選擇了原諒。這樣不僅可以緩解緊張氣氛，還能為自己日後的工作打下堅實的基礎。他得到了大家的尊敬，之後的工作就更好做了。

在談到韓琦時，元代的吳亮說：「韓琦生性純樸敦厚，氣度非凡，對人寬宏大量，從來不會斤斤計較，在任職期間做了很多事情，功績斐然。但他從不高調，做人謙虛謹慎。如果不幸捲入一些流言蜚語間，他也不會去解釋，而是相信事情總會真相大白的。在工作中，如果被重用就會全力以赴；如果得不到重用，就回家頤養天年。」

在韓琦的一生中，他雖然有業績，但這些業績也引來了很多人的嫉妒，他經常被人「暗算」，處於危險境地，但他總能化險為夷。原因是什麼呢？他曾經這樣說：「人的一生不可能一帆風順，也不可能一直遂人心意，不論遇到什麼事情都要心平氣和地去對待，只有這樣，才能找到解決事情的方法。不管是君子還是小人，在與他交往的時候一定要坦誠相待。」正是他獨特的為人處世之道為自己贏得了美名。

不要把自己的觀念強加在別人身上

有一個人想要替馬拍照，希望拍出來的馬有精神、威武，就像那些威風凜凜的駿馬一樣。所以，他想把馬的四隻蹄子都拍進去，而且蹄子必須前後分開，這樣拍出來的照片才能看清楚馬的四隻蹄子。

可是要讓馬保持這個固定的姿勢，談何容易？每次他把馬帶到鏡頭前，馬絕對不會自己擺好那個姿勢，他只能用力地將馬的蹄子放到適當位置，但他的手一放開，它又會移回自己的模樣。

這讓人大為苦惱。不過他慢慢想明白了，馬畢竟不是人，他無法強迫牠按照自己的意願行事。想明白這一點，他改變了自己的方法，先帶著馬繞著馬場走一圈，讓牠忘記先前的姿勢，然後帶牠到鏡頭前，看下牠此時的站姿。如果仍然不合適，他就會很耐心地再帶牠去繞圈，一直到牠選擇的站姿達到自己的要求為止。

我們在跟人打交道的很多時候，也跟替馬拍照一樣。有時，我們會不自覺地把自己的觀念強加給別人，我們總是希望別人能夠按照自己的意願行事。但是，大多數時候，我們會發現，別人的做法與自己的意願是相對立的。

當你遇到類似問題的時候，請你想想故事中馬主人是怎麼做的吧！他沒有選擇繼續強迫馬按自己的要求擺姿勢，而是讓馬匹隨意願擺出姿勢，如果不符合自己的要求，就再給牠機會，直到牠擺出合適的姿勢為止。在跟人交流的過程中，我們也需要這樣一種交際方法，我們不要強迫別人去改變他們的本來面目，而是要給別人空間，給彼此一個周旋的機會。如果明白這個道理，那麼任何事情都有迴旋的餘地，都有可能向更好的方向發展。

當別人的想法與自己相悖，不要急於讓他們改變，你可以先跟他們講一個小故事，讓他們忘記原先的決定，然後你再帶他們很人性化地繞圈子，最後切入主題，如此再三，一定能達到自己的目的。

在日常工作或生活中，給別人一個迴旋的機會，其實也是給自己預留了一次機會。做人，其實就像插秧一樣，這棵秧和那棵秧之間必須留有足夠的空間，幼苗長大後才有生存和生長的空間；如果秧跟秧之間毫無空間，一棵貼著一棵，那麼每棵苗都活不成。

平時我們常說「我們」，這毫不起眼的兩個字你有沒有注意過呢？雖然僅僅是兩個字，但是其含義卻甚深。「我們」是包含著至少兩個人或兩個人以上的群體。那麼有一個問題就避無可避：我們該如何相處？

孔子說「過猶不及」，人生在世，做人做事都要講究一個「度」，人與人之間的距離也都應該有一個大致的尺寸——不能太遠，也不能太近。古人訓曰：「朋友數，斯疏矣。」意思便是如果朋友交往過於密切，沒有任何距離了，那麼這也是疏遠的開始。所以跟朋友之間一定要彼此留有一定的空間，一個不要太大也不要太小的空間。這個法則人人適用，要不那些聰明的人為何總是說「距離產生美」呢？

當你和一個事物隔著一段距離時，你能很清楚地看到它，卻也有一點朦朧，總有一些東西是你思索不透的，你就會對它抱有好奇心，充滿了嚮往，此刻它就是最美的。相反，你想揭露它的每一絲神祕，那麼最後你就會為己所傷。

這就好比一群長滿尖刺的豪豬，靠得太近，就會刺痛彼此；而選擇一個恰當的距離，在寒冷時節還能彼此取暖。所以，我們平時說話做事不能太絕，凡事網開一面，給別人多留空間，也給自己多準備一個機會。佛經上講，人生最佳的狀態莫過於「花未全開月未圓」，花全開了就意味著即將凋謝，月兒太過圓滿意味著即將缺損了。只有當你的人生處於「花未全開月未圓」時，人們才會有一種期待的喜悅和滿懷憧憬的快樂。因此，請在你的朋友、親人間留有一個充滿想像、憧憬和期待的空間。當你跟他人之間的距離恰到好處時，你就會真正享受到人脈帶給你的快樂。

電子書購買

爽讀 APP

國家圖書館出版品預行編目資料

非直球對決，增加「聊效」讓對話成功收尾：練好開場 × 表情管理 × 調動感性 × 命中要害，不軟弱也不油膩，三言兩語即拿下此局！ / 崔洋著 . -- 第一版 . -- 臺北市：樂律文化事業有限公司 , 2024.11
面；　公分
POD 版
ISBN 978-626-7552-63-6(平裝)
1.CST: 口才 2.CST: 說話藝術 3.CST: 溝通技巧
192.32　　　　　　113016628

非直球對決，增加「聊效」讓對話成功收尾：練好開場×表情管理×調動感性×命中要害，不軟弱也不油膩，三言兩語即拿下此局！

臉書

作　　者：崔洋
責任編輯：高惠娟
發 行 人：黃振庭
出 版 者：樂律文化事業有限公司
發 行 者：崧博出版事業有限公司
E-mail：sonbookservice@gmail.com
粉 絲 頁：https://www.facebook.com/sonbookss/
網　　址：https://sonbook.net/
地　　址：台北市中正區重慶南路一段 61 號 8 樓
8F., No.61, Sec. 1, Chongqing S. Rd., Zhongzheng Dist., Taipei City 100, Taiwan
電　　話：(02) 2370-3310　　　傳　　真：(02) 2388-1990
律師顧問：廣華律師事務所 張珮琦律師
定　　價：375 元
發行日期：2024 年 11 月第一版
◎本書以 POD 印製
Design Assets from Freepik.com